Utilize este código QR para se cadastrar de forma mais rápida:

Ou, se preferir, entre em:
www.richmond.com.br/ac/livroportal
e siga as instruções para ter acesso aos conteúdos exclusivos do
Portal e Livro Digital

CÓDIGO DE ACESSO:
A 00093 TBIENGK1E 2 75336

Faça apenas um cadastro. Ele será válido para:

From trees to books, sustainability all the way

Da semente ao livro, sustentabilidade por todo o caminho

Planting forests

The wood used as raw material for our paper comes from planted forests, that is, it is not the result of deforestation. This practice generates thousands of jobs for farmers and helps to recover environmentally degraded areas.

Plantar florestas

A madeira que serve de matéria-prima para nosso papel vem de plantio renovável, ou seja, não é fruto de desmatamento. Essa prática gera milhares de empregos para agricultores e ajuda a recuperar áreas ambientais degradadas.

Making paper and printing books

The entire paper production chain, from pulp production to book binding, is certified, complying with international standards for sustainable processing and environmental best practices.

Fabricar papel e imprimir livros

Toda a cadeia produtiva do papel, desde a produção de celulose até a encadernação do livro, é certificada, cumprindo padrões internacionais de processamento sustentável e boas práticas ambientais.

Creating content

Our educational solutions are developed with life-long goals guided by editorial values, diverse viewpoints and socio-environmental responsibility.

Criar conteúdos

Os profissionais envolvidos na elaboração de nossas soluções educacionais buscam uma educação para a vida pautada por curadoria editorial, diversidade de olhares e responsabilidade socioambiental.

Developing life projects

Richmond educational solutions are an act of commitment to the future of younger generations, enabling partnerships between schools and families in their mission to educate!

Construir projetos de vida

Oferecer uma solução educacional Richmond é um ato de comprometimento com o futuro das novas gerações, possibilitando uma relação de parceria entre escolas e famílias na missão de educar!

Scan the QR code to learn more.
Access https://mod.lk/rich_sus

Fotografe o código QR e conheça melhor esse caminho.
Saiba mais em https://mod.lk/rich_sus

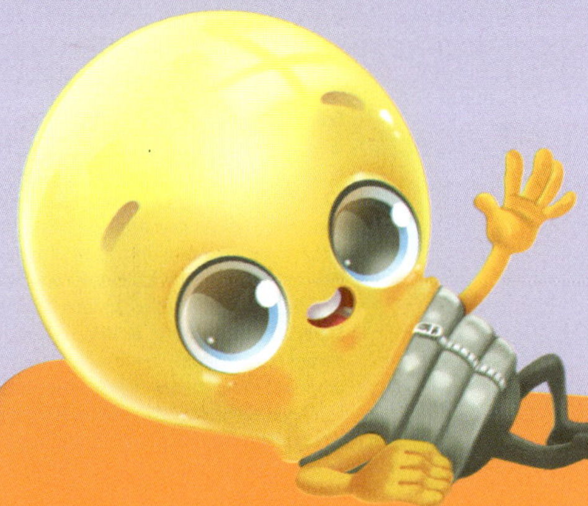

THE BIG IDEA 2

English for Kids

Editora responsável:
Izaura Valverde

Richmond

Direção editorial: Sandra Possas

Edição executiva de inglês: Izaura Valverde
Edição executiva de produção e multimídia: Adriana Pedro de Almeida

Coordenação de arte e produção: Raquel Buim
Coordenação de revisão: Rafael Spigel

Edição de texto: Giuliana Gramani, Leila Scatena
Elaboração de conteúdo: Alice Elvira Amaro Machado, Leila Scatena
Preparação de originais: Helaine Albuquerque
Revisão: Carolina Waideman, Flora Vaz Manzione, Gisele Ribeiro Fujii, Kandy Saraiva, Lucila Vrublevicius Segóvia, Márcia Suzumura, Márcio Martins, Marina Gomes, Ray Shoulder, Vivian Cristina de Souza

Projeto gráfico: Karina de Sá
Edição de arte: Carol Duran
Diagramação: Casa de Ideias
Capa: Fabiane Eugenio
Ilustração da capa: Claudio Chyo
Ilustrações: 2Minds, Aleksey Lyapunov e Lena Erlich, Alexandre Matos, Anna Anjos, Artur Fujita, Bianca de Aguiar Oliveira, Carlitos Pinheiro, Claudio Chyo, Danilo Souza, DNEPWU, Eduardo Medeiros, Evertoons, Fabiana Salomão, Gaby Thiery, Jorge Pepelife, Lais Bicudo, Leo Teixeira, Marcos de Mello, Maria Rigon, Matthieu Roussel, Michel Ramalho, Michele Cavaloti, Raíssa Lima Bulhões de Luna, Raitan Ohi, Renam Penante, Thiago Neumann
Artes: Marina Prado, Priscila Wu

Real-Time View (RTV): Gabrielle Navarro (edição de conteúdo); Amanda Miyuki, Mônica M. Oldrine (*design*); Gislaine Caprioli, Letícia Della Giacoma de França (revisão)
Portal Educacional Richmond: Gabrielle Navarro (edição e curadoria de conteúdo); Maria Eduarda Scetta (curadoria de conteúdo); Amanda Miyuki (*design*); Eloah Cristina (analista de projeto); Gislaine Caprioli, Letícia Della Giacoma de França (revisão)
Adventureland: Gabrielle Navarro (elaboração e edição de conteúdo); Daniel Favalli (produção); Mônica M. Oldrine (*design*); Gislaine Caprioli, Letícia Della Giacoma de França (revisão)
Digital Academy for Kids: Gabrielle Navarro (elaboração e edição de conteúdo); Daniel Favalli (produção); Mônica M. Oldrine (*design*); Gislaine Caprioli, Letícia Della Giacoma de França (revisão)
Livro Digital Interativo: Gabrielle Navarro (edição de conteúdo); Daniel Favalli (produção); Mônica M. Oldrine (*design*); Gislaine Caprioli, Letícia Della Giacoma de França (revisão)
Livro Digital para Projeção: Gabrielle Navarro (edição de conteúdo); Amanda Miyuki (*design*); Eloah Cristina (analista de projeto); Gislaine Caprioli, Letícia Della Giacoma de França (revisão)

Iconografia: Danielle Alcântara, Ellen Silvestre, Eveline Duarte, Paloma Klein, Sara Alencar
Coordenação de *bureau*: Rubens M. Rodrigues
Tratamento de imagens: Ademir Francisco Baptista, Joel Aparecido, Luiz Carlos Costa, Marina M. Buzzinaro, Vânia Aparecida M. de Oliveira
Pré-impressão: Alexandre Petreca, Everton L. de Oliveira, Fabio Roldan, Marcio H. Kamoto, Ricardo Rodrigues, Vitória Sousa
Áudio: Núcleo de Criação Produções em Áudio

Todos os *sites* mencionados nesta obra foram reproduzidos apenas para fins didáticos. A Richmond não tem controle sobre seu conteúdo, o qual foi cuidadosamente verificado antes de sua utilização.

Websites mentioned in this material were quoted for didactic purposes only. Richmond has no control over their content and urges care when using them.

Embora todas as medidas tenham sido tomadas para identificar e contatar os detentores de direitos autorais sobre os materiais reproduzidos nesta obra, isso nem sempre foi possível. A editora estará pronta a retificar quaisquer erros dessa natureza assim que notificada.

Every effort has been made to trace the copyright holders, but if any omission can be rectified, the publishers will be pleased to make the necessary arrangements.

Impressão e acabamento: HRosa Gráfica e Editora
Lote: 797803 **Cod:** 120002141

Dados Internacionais de Catalogação na Publicação (CIP)
(Câmara Brasileira do Livro, SP, Brasil)

The big idea : English for kids / obra coletiva concebida, organizada, desenvolvida e produzida pela Editora Moderna ; editora responsável Izaura Valverde. -- 1. ed. -- São Paulo : Moderna, 2021.

Obra em 5 v. para alunos do 1º ao 5º ano.

1. Inglês (Ensino fundamental) I. Valverde, Izaura.

21-65926 CDD-372.652

Índices para catálogo sistemático:
1. Inglês : Ensino fundamental 372.652
Cibele Maria Dias - Bibliotecária - CRB-8/9427

ISBN 978-65-5779-838-6 (LA)
ISBN 978-65-5779-839-3 (LP)

Reprodução proibida. Art. 184 do Código Penal e Lei 9.610 de 19 de fevereiro de 1998.

Todos os direitos reservados.

RICHMOND
SANTILLANA EDUCAÇÃO LTDA.
Rua Padre Adelino, 758, 3º andar – Belenzinho
São Paulo – SP – Brasil – CEP 03303-904
www.richmond.com.br
2024

Impresso no Brasil

CÓPIA NÃO AUTORIZADA É CRIME
ABDR
ASSOCIAÇÃO BRASILEIRA DE DIREITOS REPROGRÁFICOS
RESPEITE O DIREITO AUTORAL

Créditos das fotos: p. 10: Toltek/iStockphoto, kdshutterman/iStockphoto, AzmanL/iStockphoto, loops7/iStockphoto, SerrNovik/iStockphoto, kulmann/iStockphoto, borchee/iStockphoto, Bobbushphoto/iStockphoto; p. 11: StockNinja/iStockphoto, gianliguori/iStockphoto, Givaga/iStockphoto, Willowpix/iStockphoto, Osterreischische Galerie Belvedere, Viena, Galeria Jasques Ardies, Private Collection, Bridgeman Images/Easypix Brasil; p. 12: fizkes/iStockphoto; p. 14: Cristian Lourenço/iStockphoto, cifotart/iStockphoto, JackF/iStockphoto; p. 15: Witthaya/iStockphoto, Yulia-bogdanova/ls/iStockphoto, MarioGuti/iStockphoto, tanyss/iStockphoto, Egor Novikov/iStockphoto, gubernat/iStockphoto, Sonar512/iStockphoto, McKevin/iStockphoto; p. 18: Adisak Mitrprayoon/iStockphoto, cokada/iStockphoto, dennisvdw/iStockphoto, 4FR/iStockphoto, Savushkin/iStockphoto, arlindo71/iStockphoto, ReselynCarr/iStockphoto; p. 19: Olga Kurbatova/iStockphoto; p. 20: Fernando Favoretto, Yuri_Arcurs/iStockphoto; p. 21: VikiVector/iStockphoto; p. 23: KEMSAB/iStockphoto, ozgurdonmaz/iStockphoto, Byronsdad/iStockphoto, bukharova/iStockphoto; p. 24: Artis777/iStockphoto; p. 28: alexsfoto/iStockphoto, RuthBlack/iStockphoto, egal/iStockphoto, Madrolly/iStockphoto, bhofack2/iStockphoto, Julia_Sudnitskaya/iStockphoto, Standart/iStockphoto, Dontstop/iStockphoto, SrdjanPav/iStockphoto, FabrikaCr/iStockphoto, AtlasStudio/iStockphoto; p. 29: vitapix/iStockphoto, AnnaNahabed/iStockphoto, Morsa Images/iStockphoto, Grigorev_Vladimir/iStockphoto, ajr_images/iStockphoto, Juanmonino/iStockphoto, serts/iStockphoto, Ridofranz/iStockphoto, SolStock/iStockphoto, Wavebreakmedia/iStockphoto, xaviernau/iStockphoto, thanaphiphat/iStockphoto; p. 30: kali9/iStockphoto; p. 31: Olena Yepifanova/iStockphoto; p. 33: etorres69/iStockphoto, PORNCHAI SODA/iStockphoto, Wavebreakmedia/Shutterstock, simon2579/iStockphoto, MarkRubens/iStockphoto, RapidEye/iStockphoto; p. 37: nicoletaionescu/iStockphoto; p. 38: Fernando Favoretto, SolStock/iStockphoto, NADOFOTOS/iStockphoto, dimarik/iStockphoto, Drazen_/iStockphoto, tbradford/iStockphoto; p. 40: 123ducu/iStockphoto, Alina555/iStockphoto, monkeybusinessimages/iStockphoto, SolStock/iStockphoto, 2HotBrazil/iStockphoto, SerrNovik/iStockphoto, shapecharge/iStockphoto, cienpies/iStockphoto; p. 41: SamuelBrownNG/iStockphoto, FatCamera/iStockphoto, shironosov/iStockphoto, Ville Heikkinen/iStockphoto, Waraya Sawadsdee/iStockphoto, BraunS/iStockphoto, LightFieldStudios/iStockphoto; p. 43: SolStock/iStockphoto, 4zevar/iStockphoto, ASIFE/iStockphoto; p. 46: bullstar69/iStockphoto, 1001slide/iStockphoto, Ondrej Prosicky/iStockphoto, WLDavies/iStockphoto, rjmiguel/iStockphoto, Angel Gutierrez Sanjuan/iStockphoto, StuPorts/iStockphoto, LucynaKoch/iStockphoto, AlonzoDesign/iStockphoto; p. 47: clark42/iStockphoto, Adisak Mitrprayoon/iStockphoto, ANGHI/iStockphoto, AOosthuizen/iStockphoto, Anastasiia Shavshyna/iStockphoto, PrinPrince/iStockphoto, krechet/iStockphoto, Wendy/Jeff Sparks/Torquemada/iStockphoto; p. 48: gpointstudio/iStockphoto, id-work/iStockphoto; p. 50: paulafrench/iStockphoto, SteveByland/iStockphoto, mauribo/iStockphoto, phaitoons/iStockphoto, slowmotiongli/iStockphoto; p. 51: konmesa/iStockphoto, Ondrej Prosicky/iStockphoto, Nachosuch/iStockphoto, Joesboy/iStockphoto; p. 54: fredcardoso/iStockphoto, Rangeecha/iStockphoto, crisserbug/iStockphoto, Westend61/Getty Images, Blade_kostas/iStockphoto, Nadiia Vinnikova/Shutterstock, Dmytro Yashschuk/iStockphoto, golfer2015/iStockphoto; p. 55: Emilija Milijkovic/Shutterstock, georgeclerk/iStockphoto, Ekaterina Bedoeva/iStockphoto, PerfectVectors/iStockphoto, ourlifelookslikeballoon/iStockphoto, Pannonia/iStockphoto, Pathlord/iStockphoto, fitie/iStockphoto; p. 56: sergeyryzhov/iStockphoto, Ekaterina Kuznetsova/iStockphoto, mayrum/iStockphoto; p. 59: Slonov/iStockphoto, FatCamera/iStockphoto, kali9/iStockphoto, Dezein/iStockphoto; p. 60: openeyed11/iStockphoto; p. 61: bortonia/iStockphoto, PerfectVectors/iStockphoto, Fernando Dias Silva/iStockphoto; p. 65: yuhirao/iStockphoto, ArtMarie/iStockphoto, JackF/iStockphoto, Image Source/iStockphoto, Lisitsa/iStockphoto; p. 66: dolgachov/iStockphoto, monkeybusinessimages/iStockphoto, PeopleImages/iStockphoto, xavierarnau/iStockphoto, StefaNikolic/iStockphoto; p. 67: MashaStarus/iStockphoto, Lisitsa/iStockphoto; p. 68: Fernando Favoretto; p. 69: aquatarkus/iStockphoto, FatCamera/iStockphoto, wichansumalee/iStockphoto, Ivan Calamonte/Shutterstock; p. 72: SGAFotoStudio/iStockphoto, Nanisimova/iStockphoto, margouillatphotos/iStockphoto, kivoart/iStockphoto, cacio murilo de vasconcelos/iStockphoto, rez-art/iStockphoto, Magone/iStockphoto, jirkaejc/iStockphoto; p. 73: Pollyana Ventura/iStockphoto, monkeybusinessimages/iStockphoto, MashaStarus/iStockphoto; p. 74: XiXinXing/iStockphoto; p. 76: Dezein/iStockphoto; p. 77: izusek/iStockphoto, ridvan_celik/iStockphoto, eli_asenova/iStockphoto, pilipphoto/iStockphoto, Claudio Ventrella/iStockphoto, Enes Evren/iStockphoto, Hazal Ak/iStockphoto, LuckyBusiness/iStockphoto, Pannonia/iStockphoto; p. 78: Satoshi-K/iStockphoto, Pollyana Ventura/iStockphoto, PeopleImages/iStockphoto; p. 79: tbralnina/iStockphoto, FernandoZ/Shutterstock; p. 80: SDI Production/iStockphoto, SoopySue/iStockphoto, XiXinXing/iStockphoto, AzmanL/iStockphoto, michaeljung/iStockphoto, Ridofranz/iStockphoto, shironosov/iStockphoto, baona/iStockphoto, olga_sweet/iStockphoto, monkeybusinessimages/iStockphoto, MashaStarus/iStockphoto; p. 82: zennie/iStockphoto, John Morrison/iStockphoto, RT-Images/iStockphoto, georgeclerk/iStockphoto, Grafissimo/iStockphoto, slavadubrovin/iStockphoto; p. 83: AlexanderDavid/iStockphoto, Patrick K. Campbell/Shutterstock, Hailshadow/iStockphoto, cmannphoto/iStockphoto; p. 89: mbbirdy/iStockphoto, Dantesattic/iStockphoto; p. 90: shutter_m/iStockphoto, iammotos/iStockphoto; p. 91: Henk Bogaard/iStockphoto, Byrdyak/iStockphoto; p. 92: TatyanaGl/iStockphoto, hadynyah/iStockphoto, filmstudio/iStockphoto, djedzura/iStockphoto; p. 93: skynesher/iStockphoto, K_Thalhofer/iStockphoto, canbedone/iStockphoto, quichshooting/iStockphoto; p. 94: markwar/Shutterstock, Andrii Atanov/iStockphoto, baona/iStockphoto, adamkaz/iStockphoto; p. 95: alexfoto/iStockphoto, konmesa/iStockphoto, Shutter2U/iStockphoto, Andrii Zorii/iStockphoto, Jului Ricco/iStockphoto; p. 96: Photography/Shutterstock, vkbhat/iStockphoto, dusanpetkovic/iStockphoto, FlamingPumpkin/iStockphoto; p. 98: omgimages/iStockphoto, Choreograph/iStockphoto, lmgorthand/iStockphoto, Wavebreakmedia/iStockphoto; p. 99: Elena Parshina/iStockphoto; p. 101: NoSystem images/iStockphoto, buratatn/iStockphoto, EasyBuy4u/iStockphoto, gamespirit/iStockphoto, Atiwat Studio/iStockphoto, sizsus/iStockphoto, efetova/iStockphoto, a_namenko/iStockphoto; p. 103: morrowlight/iStockphoto, ipekata/iStockphoto, Milyausha Shaykhutdinova/iStockphoto; p. 104: blackred/iStockphoto, Cesare Ferrari/iStockphoto, didecs/iStockphoto, JaruekChairak/iStockphoto; p. 105: Freder/iStockphoto, kitz-travellers/iStockphoto, Eddisonphotos/iStockphoto, THEPALMER/iStockphoto, Reginast777/iStockphoto; p. 106: AlonzoDesign/iStockphoto; p. 107: MXW Stock/iStockphoto, IRINA KROLEVETC/iStockphoto, Rmcarvalho/iStockphoto, Vadim Zhakupov/iStockphoto, Andre Taissin/iStockphoto, Wieland Teixeira/iStockphoto, ONYXprj/iStockphoto; p. 108: MashaStarus/iStockphoto; p. 110: Yana Tatesovian/iStockphoto, JackF/iStockphoto, LanaStock/iStockphoto, PeopleImages/iStockphoto, Robert Kneschke/Shutterstock, monkeybusinessimages/iStockphoto, Pavel Kobysh/Shutterstock; p. 112: m-imagephotography/iStockphoto, AeronAmat/iStockphoto.

CONTENTS

SCOPE AND SEQUENCE 4

WELCOME 6

UNIT 1
TIME AND WEATHER 8

CLIL 15

UNIT 2
MY GARDEN 16

HERE AND NOW 23

REVIEW 1 & 2 24

UNIT 3
HAPPY BIRTHDAY! 26

CLIL 33

UNIT 4
GUESS WHO! 34

HERE AND NOW 41

REVIEW 3 & 4 42

UNIT 5
ANIMALS IN NATURE 44

CLIL 51

UNIT 6
MY COLLECTIONS 52

HERE AND NOW 59

REVIEW 5 & 6 60

UNIT 7
COOL GAMES 62

CLIL 69

UNIT 8
MY FOOD 70

HERE AND NOW 77

REVIEW 7 & 8 78

HANDS ON 80

GAMES 84

INSTRUCTIONS 88

LANGUAGE REFERENCE 89

GLOSSARY 93

WORKBOOK 97

PRESS-OUTS 113

STICKERS 129

SCOPE AND SEQUENCE

Unidade	Objetivos	Conteúdo linguístico	Conteúdo digital	CLIL / Here and Now	Apêndices
Welcome – p. 6					
1 Time and Weather p. 8	▶ Cumprimentar pessoas em diferentes períodos do dia. ▶ Perguntar e informar sobre as condições do tempo atmosférico. ▶ Reconhecer e nomear as diferentes estações do ano. ▶ Identificar diferentes marcadores de tempo.	cloudy, cold, hot, rainy, sunny, windy; day, night; today, tonight; fall, spring, summer, winter Good morning/afternoon/evening/night! What's the weather like? It's (cold) today/tonight.	GIF: estações do ano e clima	**CLIL: História** – Medindo o tempo.	**Workbook** p. 97
2 My Garden p. 16	▶ Identificar e nomear diferentes insetos. ▶ Perguntar e responder sobre quantidades de insetos. ▶ Reconhecer números pares e ímpares. ▶ Refletir sobre a importância da coragem.	ant, bee, butterfly, caterpillar, firefly, grasshopper, ladybug; numbers 11-20; even and odd numbers How many (ladybugs)? / What's this? It's a/an (bee/ant).	Infográfico: insetos	**Here and Now:** Coragem.	**Workbook** p. 99
Review 1 & 2 – p. 24					
3 Happy Birthday! p. 26	▶ Cumprimentar aniversariantes. ▶ Falar a própria idade. ▶ Apresentar membros da família estendida. ▶ Informar a localização de itens.	balloon, cake, candle, chest, popcorn, present, sandwich, table; in, on, under; aunt, cousin, uncle Happy birthday! How old are you? Thank you! Now I'm (seven) years old. / This is my (sister). / Where's the (present)? It's in/on/under the (chest).	Vídeo: Marvin's birthday party	**CLIL: Geografia** – Tradições de aniversário.	**Workbook** p. 101
4 Guess Who! p. 34	▶ Identificar e nomear pessoas que trabalham no ambiente escolar. ▶ Descrever cor de olhos e de cabelos.	cleaner, cook, librarian, principal, secretary, student, teacher; blue/brown/green/hazel eyes; black/blond/brown/gray/hazel/red hair Guess who? I have (green) eyes and (blond) hair. It's the (teacher)!	Quiz: descrição física	**Here and Now:** Responsabilidade.	**Workbook** p. 103 **Hands On** p. 80
Review 3 & 4 – p. 42					

Unidade	Objetivos	Conteúdo linguístico	Conteúdo digital	CLIL / Here and Now	Apêndices
5 **Animals in Nature** p. 44	▶ Identificar, nomear e descrever de forma simples alguns animais que vivem nas savanas africanas. ▶ Refletir sobre a importância de respeitar os animais.	*bird, elephant, flamingo, giraffe, hippo, hyena, lion, zebra; big, small; feathers, fur; feet, paws* *It's a bird/an elephant. / They're (birds). / The (elephant) is big. / Baby (flamingos) are small. / Lions have brown fur and four paws. / Flamingos have pink feathers and two feet.*	Tangram: animais	**CLIL: Ciências** – Animais ao nosso redor.	**Workbook** p. 105 **Hands On** p. 82
6 **My Collections** p. 52	▶ Identificar e nomear quantidades de objetos de coleções. ▶ Perguntar e responder sobre coleções. ▶ Pedir e tomar objetos emprestados. ▶ Refletir sobre a ansiedade e usar uma técnica de *mindfulness* para controlá-la.	*coins, comic books, drawings, erasers, key chains, model cars, rocks, stickers* *I collect (erasers). Wow! How many? I have (ten) (erasers). / Can I borrow your (erasers)? Sure! Here you are. Thank you.*	GIF: coleções	**Here and Now:** Ansiedade e *mindfulness*.	**Workbook** p. 107
Review 5 & 6 – p. 60					
7 **Cool Games** p. 62	▶ Nomear brincadeiras e ações relacionadas a elas. ▶ Perguntar e responder sobre habilidades. ▶ Refletir sobre crianças e brincadeiras de diferentes culturas.	*jump rope, mime, play Chinese whispers, play freeze dance, play hide-and-seek, play hopscotch, play tug-of-war; freeze, hide, hop, jump, mime, pull, seek, whisper* *What games can you play? I can (freeze dance). / I can play (tug-of-war).*	Jogo de tabuleiro: brincadeiras	**CLIL: Arte** – Brincadeiras pelo mundo.	**Workbook** p. 109
8 **My Food** p. 70	▶ Reconhecer e nomear alimentos comumente consumidos no almoço ou no jantar. ▶ Aceitar ou recusar alimentos educadamente. ▶ Descrever preferências alimentares e perguntar sobre elas. ▶ Refletir sobre a importância de experimentar novos alimentos.	*chicken, fish, fruit salad, pasta, pudding, salad, steak, watermelon; bitter, crunchy, savory, soft, sour, sweet* *I like (pasta). What about you? I like (pasta) too. / I don't like (pasta). / (Chicken)? Yes, please. Here you are. Thanks! I like (chicken). / (Chicken)? No, thanks. I don't like (chicken).*	Infográfico: comida	**Here and Now:** Alimentação consciente.	**Workbook** p. 111
Review 7 & 8 – p. 78					

Games – p. 84   **Instructions** – p. 88   **Language Reference** – p. 89   **Glossary** – p. 93   **Press-Outs** – p. 113   **Stickers** – p. 129

UNIT 1
TIME AND WEATHER

1 LISTEN AND SAY.

2 CHOOSE AND DRAW.

UNIT 1

3 LOOK, LISTEN AND SAY.

DAY

NIGHT

CLOUDY

COLD

HOT

RAINY

SUNNY

WINDY

RTV
Learn more!
http://mod.lk/fai2_u1

4 LOOK, LISTEN AND SAY.

GOOD MORNING!

GOOD AFTERNOON!

GOOD EVENING!

GOOD NIGHT!

5 TALK, FIND AND POINT.

10 TEN

EXPLORE

SEASONS

SPRING SUMMER FALL WINTER

6. LOOK AND CIRCLE.

1. A FALL B SPRING
2. A SUMMER B WINTER
3. A FALL B SUMMER
4. A SPRING B WINTER

7 LISTEN, POINT AND SAY.

GOOD EVENING! WHAT'S THE WEATHER LIKE?

GOOD EVENING! IT'S COLD TONIGHT.

8 LOOK AND CIRCLE.

1
A GOOD NIGHT!
B GOOD EVENING!

2
A GOOD MORNING!
B GOOD AFTERNOON!

3
A IT'S COLD TONIGHT.
B IT'S HOT TONIGHT.

4
A IT'S SUNNY TODAY.
B IT'S RAINY TODAY.

9 PRESS OUT AND TALK.

10. LOOK, LISTEN AND NUMBER. THEN SING AND DANCE.

THE SEASONS SONG

1.
COME ON, EVERYBODY!
COME ON, EVERYBODY!
IT'S SUNNY TODAY!
IT'S SPRING, LET'S PLAY!

2.
COME ON, EVERYBODY!
COME ON, EVERYBODY!
IT'S HOT TONIGHT!
IT'S SUMMER, LET'S PLAY!

3.
COME ON, EVERYBODY!
COME ON, EVERYBODY!
IT'S WINDY TODAY!
IT'S FALL, LET'S PLAY!

4.
COME ON, EVERYBODY!
COME ON, EVERYBODY!
IT'S COLD TONIGHT!
IT'S WINTER, LET'S PLAY!

UNIT 1

11 LOOK AND STICK.

1

2

12 MIME AND GUESS.

IT'S WINDY TODAY!

CLIL

MEASURING TIME (HISTORY)

1 **LOOK AND CHECK.**

2 **LOOK, THINK AND TALK.**

3 **THINK AND DRAW.**

UNIT 2

3 LOOK, LISTEN AND SAY.

ANT BEE BUTTERFLY
CATERPILLAR GRASSHOPPER LADYBUG

4 LISTEN AND CHECK.

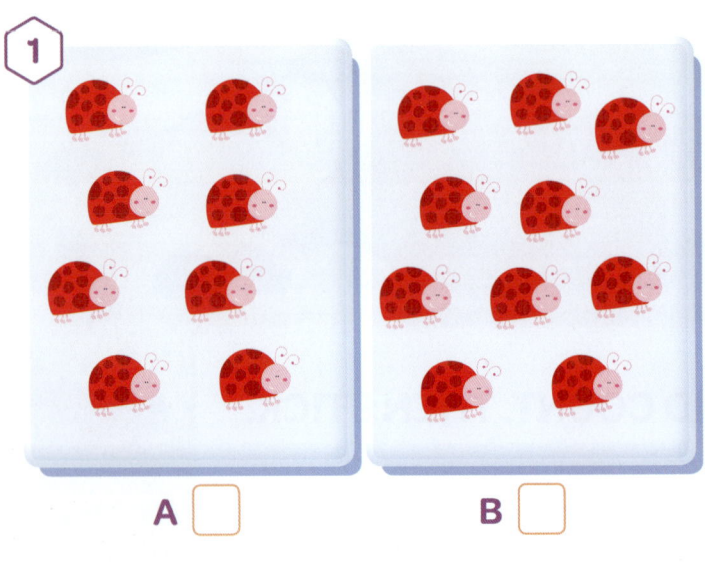

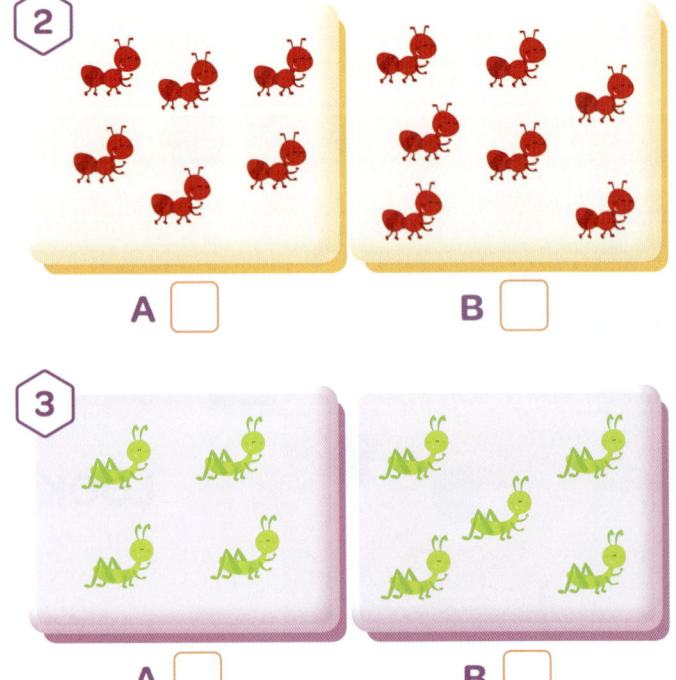

5 COUNT AND SAY.

EXPLORE

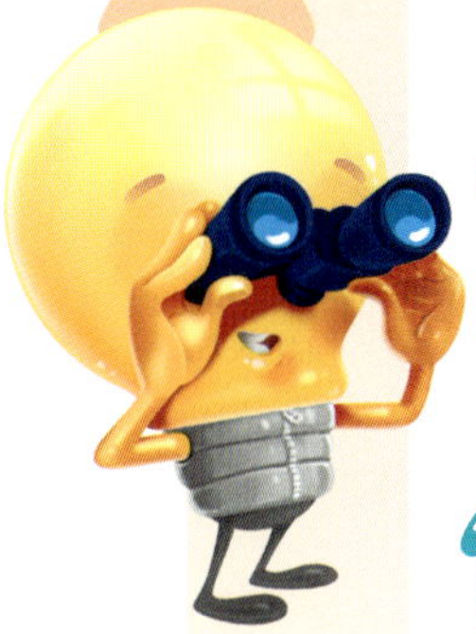

11 ELEVEN	16 SIXTEEN	
12 TWELVE	17 SEVENTEEN	
13 THIRTEEN	18 EIGHTEEN	
14 FOURTEEN	19 NINETEEN	
15 FIFTEEN	20 TWENTY	

ODD NUMBERS
1 3 5 7 9

EVEN NUMBERS
2 4 6 8 10

6 LISTEN, FOLLOW AND COLOR.

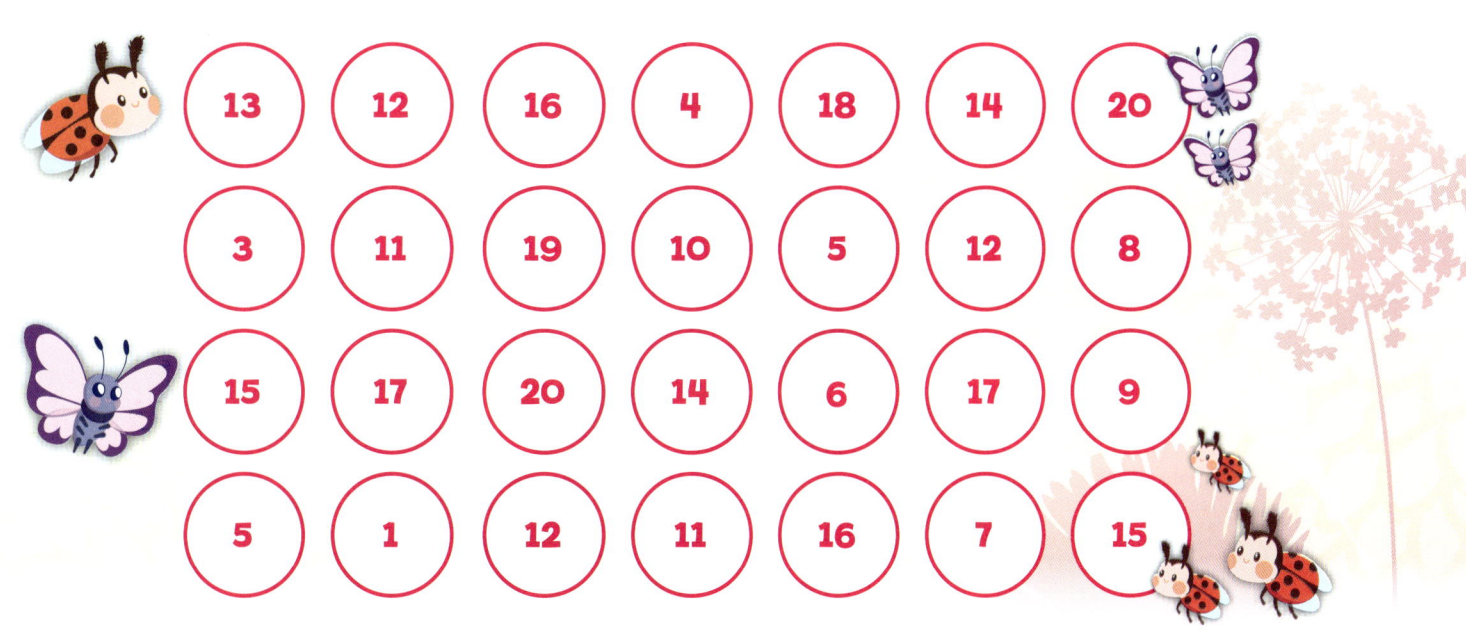

7 COLOR BY CODE.

EVEN NUMBERS
ODD NUMBERS

19 13 11 16 14
20 17 12 15 18

NINETEEN 19

UNIT 2

8 LISTEN, DRAW AND TALK.

HOW MANY BUTTERFLIES?

TWELVE BUTTERFLIES.

Learn more!
http://mod.lk/fai2_u2

9 LOOK, COUNT AND WRITE.

1. 
☐ GRASSHOPPERS +
☐ BEES =
☐ INSECTS

2. 
☐ BUTTERFLIES +
☐ LADYBUGS =
☐ INSECTS

3. 
☐ ANTS +
☐ CATERPILLARS =
☐ INSECTS

10 WRITE AND PLAY: HOW MANY INSECTS?

LISTEN, COMPLETE AND SING.

INSECTS, INSECTS, SO MANY INSECTS!

WHAT'S THIS?

IT'S A BEE!

HOW MANY?

ELEVEN, TWELVE, _____!

INSECTS, INSECTS, SO MANY INSECTS!

WHAT'S THIS?

IT'S AN ANT!

HOW MANY?

FOURTEEN, FIFTEEN, _____!

INSECTS, INSECTS, SO MANY INSECTS!

WHAT'S THIS?

IT'S A FIREFLY!

HOW MANY?

SEVENTEEN, EIGHTEEN, _____!

INSECTS, INSECTS, SO MANY INSECTS!

12 FIND THE DIFFERENCES.

13 PLAY BINGO!

HERE AND NOW

COURAGE

1 LOOK AND CHECK.

2 LOOK AND CHECK.

3 THINK AND DRAW.

REVIEW 1 & 2

1 THINK AND STICK.

2 READ, LOOK AND WRITE.

IT'S CLOUDY.   IT'S RAINY.   IT'S SUNNY.   IT'S WINDY.

WHAT'S THE WEATHER LIKE?

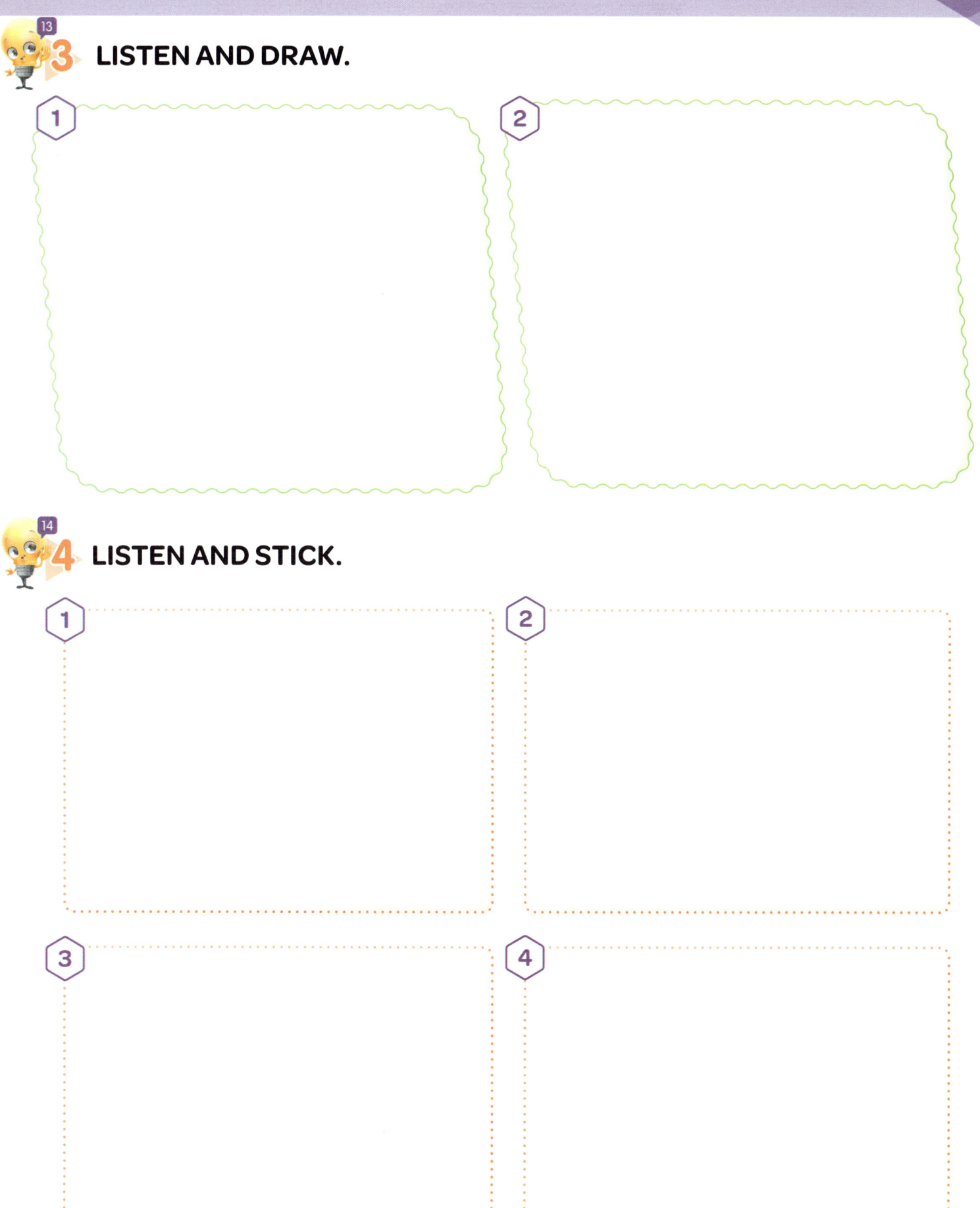

1 LOOK, COUNT AND SAY.

2 LISTEN, SAY AND POINT.
BUTTER   CANDY   COIN   CRACKER

UNIT 3

3 LOOK, LISTEN AND SAY.

1. BALLOON
2. CAKE
3. CANDLE
4. CHEST
5. POPCORN
6. PRESENT
7. SANDWICH
8. TABLE

4 LISTEN, READ AND STICK.

 **5** LOOK, READ AND COMPLETE. THEN LISTEN AND CHECK.

BROTHER   DAD   GRANDMA   GRANDPA   MOM   SISTER

THIS IS MY GRANDMA.
THIS IS MY GRANDPA.

THIS IS MY AUNT.
THIS IS MY UNCLE.
THIS IS MY DAD.
THIS IS MY MOM.

THIS IS MY COUSIN.
THIS IS MY COUSIN.
THIS IS MY SISTER.
THIS IS MY BROTHER.

THIS IS ME.

UNIT 3

6 LISTEN, IMAGINE AND TALK.

HAPPY BIRTHDAY, KATE! HOW OLD ARE YOU?

THANK YOU! NOW I'M SEVEN YEARS OLD!

7 LOOK, LISTEN AND CHECK.

8 PRESS OUT AND TALK.

LISTEN AND POINT. THEN SING.

LET'S PARTY TONIGHT!

COME TO MY PARTY TONIGHT!
LET'S HAVE FUN, FUN, FUN! FUN!
LOTS OF BALLOONS EVERYWHERE,
ON THE TABLE AND UNDER THE CHAIR.

COME TO MY PARTY TONIGHT!
LET'S HAVE FUN, FUN, FUN! FUN!
LOTS OF POPCORN EVERYWHERE,
SANDWICHES HERE, A BIG CAKE THERE.

COME TO MY PARTY TONIGHT!
LET'S HAVE FUN, FUN, FUN! FUN!
LOTS OF PRESENTS EVERYWHERE,
IN THE CHEST AND ON THE CHAIR.

COME TO MY PARTY TONIGHT!
LET'S HAVE FUN, FUN, FUN! FUN!

UNIT 3

10 DRAW AND TALK.

MY FAMILY

11 STICK. THEN ASK AND ANSWER.

Learn more!
http://mod.lk/fai2_u3

CLIL

BIRTHDAY TRADITIONS (GEOGRAPHY)

1 LISTEN AND SAY.

1. FAIRY BREAD
2. LONG NOODLES
3. *PIÑATA*
4. PRESENTS IN BED

A. MEXICO
B. AUSTRALIA
C. CHINA
D. DENMARK

2 LISTEN AND MATCH.

3 ASK AND TAKE NOTES.

BIRTHDAY TRADITIONS SURVEY	
BIRTHDAY CAKES	
CANDLES	
FRIENDS	
PRESENTS	
SWEETS AND CANDIES	

1. LOOK, LISTEN AND ANSWER.

2. DRAW AND WRITE.

MR. JONES

MISS DIAZ

MRS. NEWTON

UNIT 4

3. LOOK, LISTEN AND NUMBER.

- A. MISS DIAZ — COOK
- B. MRS. NEWTON — LIBRARIAN
- C. MR. THOMPSON — CLEANER
- D. MR. MILLER — TEACHER
- E. MISS WILLIAMS — PRINCIPAL
- F. JILL — STUDENT
- G. MR. JONES — SECRETARY

4. LOOK AND WRITE.

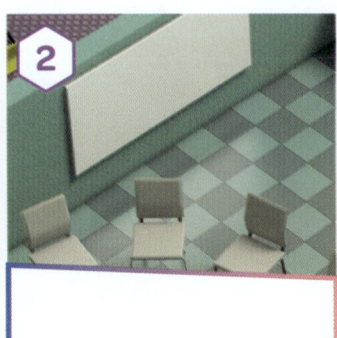

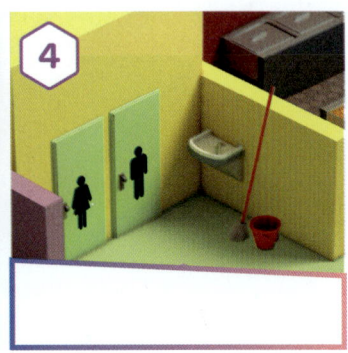

1.
2.
3.
4.

5. CHOOSE, THINK AND DRAW.

6 LOOK, LISTEN AND SAY. THEN COLOR.

1. BLOND HAIR · GREEN EYES
2. BLACK HAIR · BROWN EYES

7 DRAW, COLOR AND COMPLETE.

THIS IS ME!

Learn more!
http://mod.lk/fai2_u4

I HAVE _____ HAIR AND _____ EYES.

UNIT 4

8. LISTEN, LOOK AND GUESS.

GUESS WHO? I HAVE BLOND HAIR AND GREEN EYES.

IT'S THE TEACHER!

TEACHER
LIBRARIAN
PRINCIPAL
COOK

9. LOOK AND COMPLETE.

1 I HAVE _____ HAIR AND _____ EYES.

2 I HAVE _____ HAIR AND _____ EYES.

3 I HAVE _____ HAIR AND _____ EYES.

4 I HAVE _____ HAIR AND _____ EYES.

10 LISTEN, STICK AND SING.

EVERYBODY IS DIFFERENT!

COME TO MY SCHOOL!
EVERYBODY IS DIFFERENT!
EVERYBODY IS COOL!

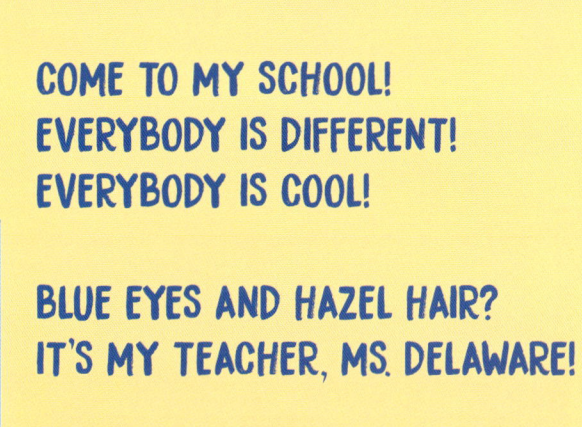

BLUE EYES AND HAZEL HAIR?
IT'S MY TEACHER, MS. DELAWARE!

RED HAIR AND BROWN EYES?
IT'S THE CLEANER, MS. NICE!

GREEN EYES AND BLACK HAIR?
IT'S THE COOK, MR. BLAIR!

BLOND HAIR AND HAZEL EYES?
IT'S A STUDENT, MY FRIEND BRYCE!

COME TO MY SCHOOL!
EVERYBODY IS DIFFERENT!
EVERYBODY IS COOL!

11 LISTEN AND CHECK.

1. A ☐ B ☐
2. A ☐ B ☐
3. A ☐ B ☐
4. A ☐ B ☐

12 DRAW AND TALK.

HERE AND NOW

RESPONSIBILITY

1. LOOK AND COMPARE.

1. BE NAUGHTY
2. CHEAT
3. BULLY

2. READ AND WRITE. THEN LOOK AND CIRCLE.

CANTEEN   CLASSROOM   LIBRARY   RESTROOM

1.
2.
3.
4.

3. TALK AND DRAW.

REVIEW 3 & 4

1. LOOK, LISTEN AND NUMBER.

2. LISTEN AND DRAW.

1.

2.

3.

3 READ, STICK AND COMPLETE.

1. I HAVE BROWN HAIR AND GREEN EYES. I'M THE _____.

2. I HAVE BLACK HAIR AND BROWN EYES. I'M THE _____.

3. I HAVE BLOND HAIR AND BLUE EYES. I'M THE _____.

4. I HAVE RED HAIR AND HAZEL EYES. I'M THE _____.

4 LOOK, READ AND CIRCLE.

1. I HAVE RED HAIR AND BROWN EYES.

   YES   NO

2. I HAVE BLOND HAIR AND GREEN EYES.

   YES   NO

FORTY-THREE 43

UNIT 5
ANIMALS IN NATURE

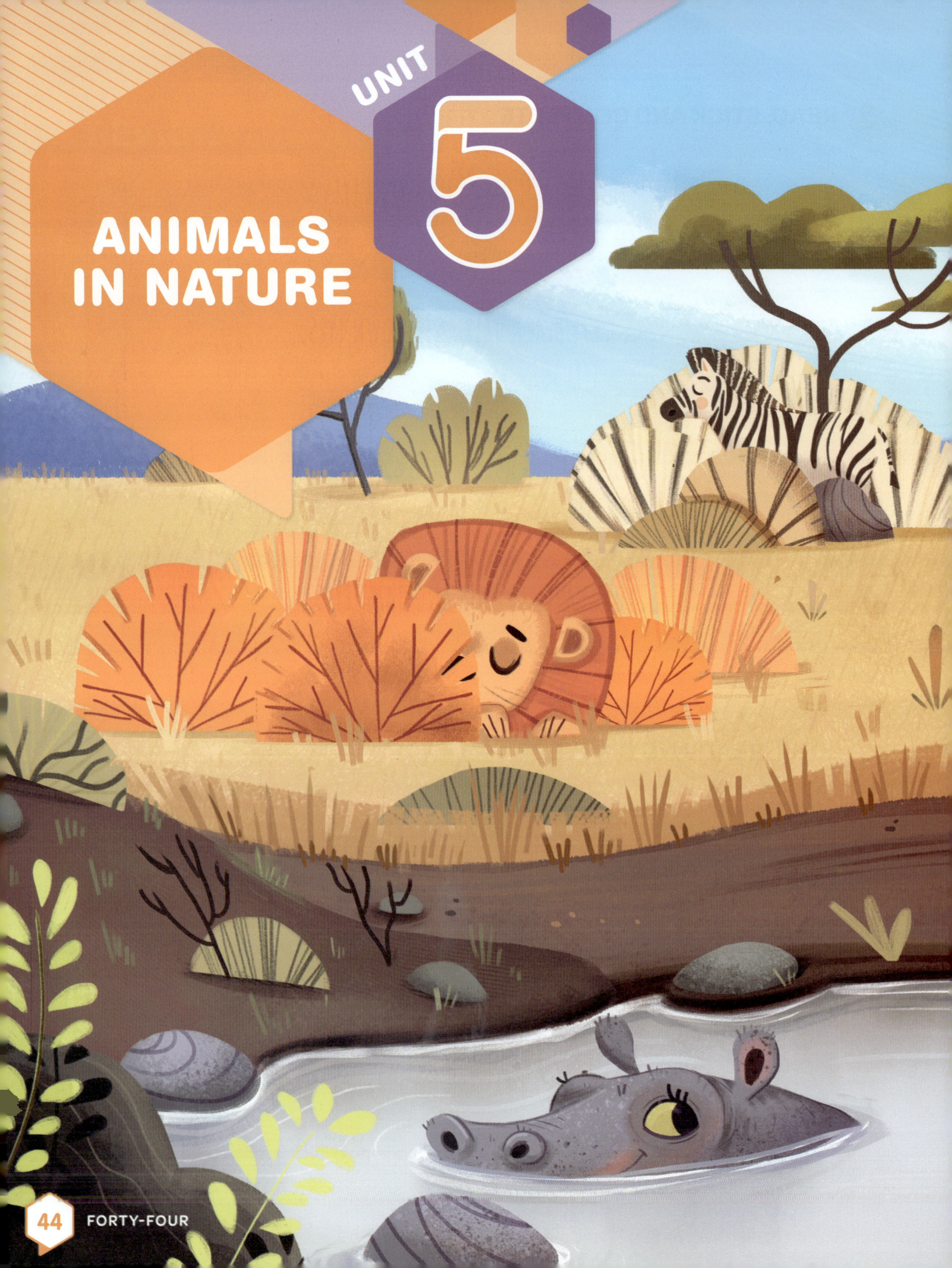

1 LOOK, LISTEN AND SAY.

2 FIND AND POINT.

FORTY-FIVE 45

UNIT 5

3. LOOK, LISTEN AND SAY.

1. A BIRD
2. AN ELEPHANT
3. A FLAMINGO
4. A GIRAFFE
5. A HIPPO
6. A HYENA
7. A LION
8. A ZEBRA

4. LISTEN AND POINT.

46 FORTY-SIX

EXPLORE

FEATHERS

FUR

FEET

PAWS

5 LOOK AND NUMBER.

FEATHERS

FEET

FUR

PAWS

UNIT 5

6 LISTEN, POINT AND SAY.

IT'S A GIRAFFE. THE GIRAFFE IS BIG.

THEY'RE BIRDS. BIRDS ARE SMALL.

7 LISTEN AND COMPLETE.

BLACK   BROWN   FEATHERS   FEET   FUR   PAWS   TWO   WHITE

1 GIRAFFES HAVE YELLOW AND BROWN _____ AND FOUR _____.

2 LIONS HAVE _____ FUR AND FOUR _____.

3 ZEBRAS HAVE _____ AND _____ FUR.

4 FLAMINGOS HAVE PINK _____ AND _____ FEET.

8 PRESS OUT AND PLAY.

Learn more!
http://mod.lk/fai2_u5

LISTEN, SAY AND STICK. THEN SING.

WILD ANIMALS

SING A SONG
SING IT OUT LOUD
SING IT ALL OVER THE PLACE
WILD ANIMALS,
WILD ANIMALS SONG
SING WITH ME

ZEBRAS AND HIPPOS
LIONS AND ELEPHANTS
THEY ARE SO BIG, SO BIG!
SING WITH ME

BIRDS AND BABY FLAMINGOS
THEY ARE SMALL!
THEY HAVE TWO FEET!
SING WITH ME

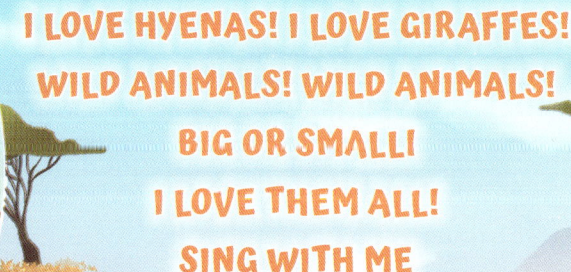

I LOVE HYENAS! I LOVE GIRAFFES!
WILD ANIMALS! WILD ANIMALS!
BIG OR SMALL!
I LOVE THEM ALL!
SING WITH ME

UNIT 5

10 LISTEN AND CHECK.

1. A ☐
   B ☐

2. A ☐
   B ☐

3. A ☐
   B ☐

11 LOOK, THINK AND TALK.

50 FIFTY

CLIL

ANIMALS AROUND US (SCIENCE)

1 LOOK AND CHECK. THEN LISTEN AND SAY.

1	2	3	4
MARMOSET	HUMMINGBIRD	SLOTH	CAPYBARA

2 READ AND CIRCLE.

1. MARMOSETS ARE **BIG** / **SMALL**. THEY HAVE GRAY **FEATHERS** / **FUR**.
2. HUMMINGBIRDS HAVE **TWO** / **FOUR** FEET. THEY HAVE COLORFUL **FEATHERS** / **FUR**.
3. SLOTHS HAVE LONG **FEATHERS** / **FUR**.
4. CAPYBARAS ARE **BIG** / **SMALL**. THEY HAVE BROWN **FEATHERS** / **FUR**.

3 READ AND CHECK.

	PETS	WILD ANIMALS
1 LIVE WITH PEOPLE		
2 LIVE IN NATURE		
3 ARE INDEPENDENT		
4 NEED OUR CARE		
5 NEED RESPECT		

UNIT 6
MY COLLECTIONS

1. **LOOK, COUNT AND SAY.**

2. **THINK AND DRAW.**

FIFTY-THREE 53

UNIT 6

3. LOOK, LISTEN AND SAY.

1. COINS
2. COMIC BOOKS
3. DRAWINGS
4. ERASERS
5. KEY CHAINS
6. MODEL CARS
7. ROCKS
8. STICKERS

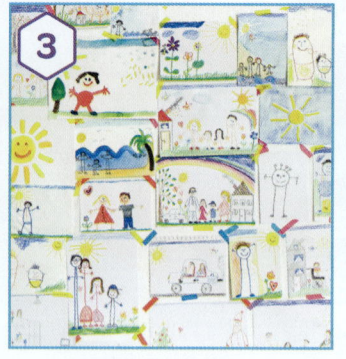

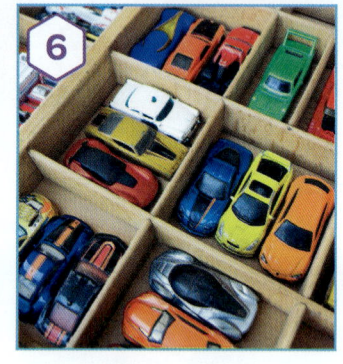

4. LISTEN, FIND AND POINT.

5. THINK, DRAW AND COLOR.

6 LOOK AND MATCH.

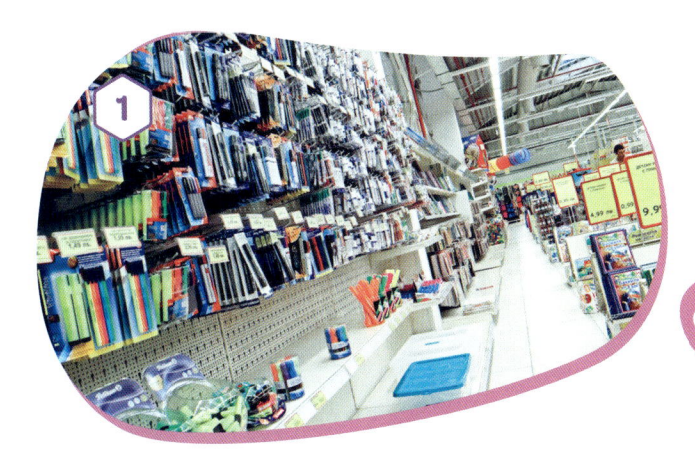

1 — ERASERS

2 — COMIC BOOKS

7 LOOK, READ AND CIRCLE.

1. I COLLECT **COINS** / ROCKS AND COMIC BOOKS / **STICKERS**.

2. I COLLECT DRAWINGS / **MODEL CARS** AND **ROCKS** / ERASERS.

3. I COLLECT **COMIC BOOKS** / STICKERS AND **KEY CHAINS** / COINS.

4. I COLLECT KEY CHAINS / **DRAWINGS** AND MODEL CARS / **ERASERS**.

UNIT 6

8 LISTEN, THINK AND SAY.

- I COLLECT COINS.
- I HAVE EIGHTEEN COINS.
- WOW! HOW MANY?

Learn more! http://mod.lk/fai2_u6

9 LISTEN, LOOK AND CHECK.

1. A ☐ B ☐
2. A ☐ B ☐
3. A ☐ B ☐
4. A ☐ B ☐

10 PRESS OUT AND TALK.

FIFTY-SIX

11. LISTEN AND COMPLETE. THEN SING.

MY COLLECTIONS

COME AND SEE MY COLLECTIONS!
I COLLECT _____ AND
I HAVE MANY _____ TOO!
SOME ARE GREEN, SOME ARE BLUE!

WOW! THEY ARE COOL!
CAN I BORROW YOUR _____ ?
SURE! HERE YOU ARE! HERE YOU ARE!
THANK YOU! THANK YOU!

COME AND SEE MY COLLECTIONS!
I COLLECT _____ AND
I HAVE MANY _____ TOO!
SOME ARE BIG, SOME ARE SMALL!

WOW! THEY ARE COOL!
CAN I BORROW YOUR _____ ?
SURE! HERE YOU ARE! HERE YOU ARE!
THANK YOU! THANK YOU!

UNIT 6

12 DRAW AND TALK.

13 WRITE AND PLAY.

1					
2					
3					
4					
5					

1					
2					
3					
4					
5					

HERE AND NOW

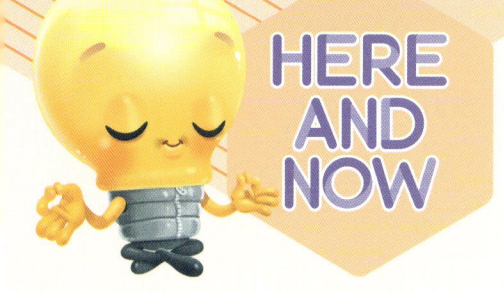

ANXIETY AND MINDFULNESS

1 LOOK AND TALK.

2 BREATHE AND MAKE SOMETHING.

3 THINK AND DRAW.

BEFORE   DURING   AFTER

REVIEW 5 & 6

1. READ, WRITE AND COLOR.

1 THEY ARE YELLOW AND BROWN. THEY ARE B_____. THEY ARE G_____.

2 THEY ARE GRAY. THEY HAVE FOUR F_____. THEY ARE E_____.

3 THEY ARE BLUE AND GREEN. THEY ARE S_____. THEY ARE B_____.

4 THEY ARE PINK. THEY HAVE TWO F_____. THEY ARE F_____.

2 FIND, COUNT AND ANSWER.

1 HOW MANY COINS?
_____

2 HOW MANY ERASERS?
_____

3 HOW MANY MODEL CARS?
_____

4 HOW MANY COMIC BOOKS?
_____

3 LISTEN AND WRITE.

DRAWINGS   KEY CHAINS   ROCKS   STICKERS

1 I HAVE SIXTEEN _____.
2 I HAVE TWELVE _____.
3 I HAVE ELEVEN _____.
4 I HAVE THIRTEEN _____.

UNIT 7
COOL GAMES

1 THINK AND SAY.

2 LOOK AND SAY.

HOUSE   IN   ON   SLIDE   TABLE   UNDER

UNIT 7

3 LOOK, LISTEN AND SAY.

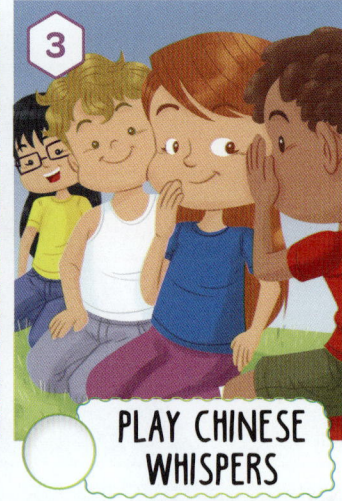

1. JUMP ROPE
2. MIME
3. PLAY CHINESE WHISPERS
4. PLAY FREEZE DANCE
5. PLAY HIDE-AND-SEEK
6. PLAY HOPSCOTCH
7. PLAY TUG-OF-WAR

4 LISTEN, FIND AND COLOR.

5 THINK AND DRAW.

6 LOOK, LISTEN AND SAY. THEN COLOR BY CODE.

1. FREEZE
2. HIDE
3. HOP
4. JUMP
5. MIME
6. PULL
7. SEEK
8. WHISPER

7 LOOK, READ AND WRITE.

EYES   HANDS   LEGS   MOUTH

UNIT 7

8 LISTEN, SAY AND INTERVIEW.

WHAT GAMES CAN YOU PLAY?

I CAN PLAY HOPSCOTCH AND I CAN JUMP ROPE.

9 READ, LOOK AND NUMBER.

1. I CAN FREEZE.
2. I CAN MIME.
3. I CAN HOP.
4. I CAN HIDE.

A
B
C
D

10 LISTEN AND MATCH. THEN SING AND DANCE.

LET'S PLAY AND DANCE!

LET'S PLAY AND DANCE!
COME ON, RIGHT NOW!
PLAY AND DANCE WITH ME!

1
COME ON, EVERYBODY, DANCE!
MOVE YOUR BODY AND JUMP, JUMP, JUMP!
MOVE YOUR BODY AND FREEZE!

2
COME ON, EVERYBODY, DANCE!
MOVE YOUR BODY AND HOP, HOP, HOP!
MOVE YOUR BODY AND FREEZE!

3
COME ON, EVERYBODY, DANCE!
MOVE YOUR BODY AND PULL, PULL, PULL!
MOVE YOUR BODY AND FREEZE!

UNIT 7

11 MIME AND GUESS.

JUMP ROPE   PLAY CHINESE WHISPERS
PLAY FREEZE DANCE   PLAY HIDE-AND-SEEK
PLAY HOPSCOTCH   PLAY TUG-OF-WAR

PLAY TUG-OF-WAR!

Learn more!
http://mod.lk/fai2_u7

12 PLAY SIMON SAYS.

SIMON SAYS: JUMP!

JUMP!

68 SIXTY-EIGHT

CLIL

GAMES AROUND THE WORLD (ART)

1 LISTEN AND MATCH.

1 TOKIKO   2 RAJ   3 CHANG   4 JOANNA

A ☐ SHUTTLECOCK
B ☐ RED LIGHT, GREEN LIGHT
C ☐ ROCK PAPER SCISSORS
D ☐ MARBLES

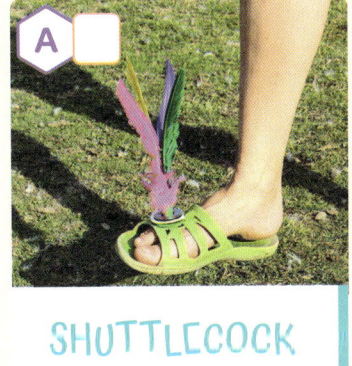

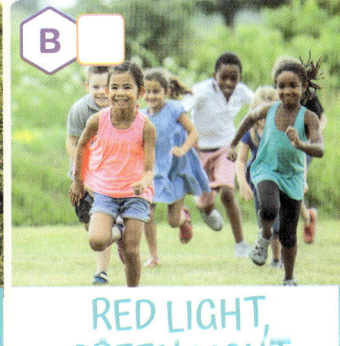

2 LOOK, READ AND MATCH.

MARBLES
RED LIGHT, GREEN LIGHT
ROCK PAPER SCISSORS
SHUTTLECOCK

HANDS
LEGS

3 LEARN AND PLAY.

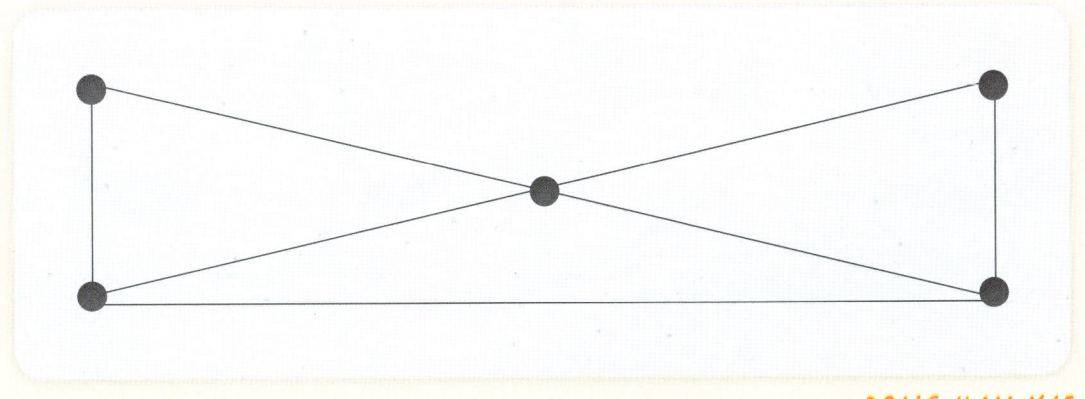

PONG HAU K'I

SIXTY-NINE 69

MY FOOD

UNIT 8

70 SEVENTY

1. LOOK, THINK AND CIRCLE.

2. LOOK, THINK AND CROSS OUT.

SEVENTY-ONE 71

UNIT 8

3. LOOK, LISTEN AND SAY.

1. **CHICKEN**
2. **FISH**
3. **FRUIT SALAD**
4. **PASTA**
5. **PUDDING**
6. **SALAD**
7. **STEAK**
8. **WATERMELON**

4. LISTEN, FIND AND POINT.

5. LISTEN, THINK AND DRAW.

6. LOOK AND CLASSIFY.

SAVORY

CHICKEN

SWEET

FRUIT SALAD

7. LISTEN AND STICK.

I LIKE | I DON'T LIKE

1.

2.

Learn more!
http://mod.lk/fai2_u8

UNIT 8

8 LISTEN AND TALK.

I LIKE FRUIT SALAD. WHAT ABOUT YOU?

I DON'T LIKE FRUIT SALAD.

9 LOOK AND LISTEN. THEN CHECK OR CROSS OUT.

1.
2.
3.

10 PRESS OUT AND TALK.

74 SEVENTY-FOUR

11 LISTEN, DRAW AND SING.

THE FOOD SONG

I LIKE PASTA, I LIKE STEAK!
I LIKE CHICKEN AND I LIKE FISH!
I LIKE YOU AND YOU LIKE ME!
WHAT ABOUT YOU?

I LIKE SALAD AND I LIKE STEAK TOO!
I DON'T LIKE PUDDING.
I DON'T LIKE WATERMELON.
YOU LIKE ME AND I LIKE YOU!

12 LOOK, LISTEN AND NUMBER.

A B C D

13 INTERVIEW YOUR CLASSMATES.

NAME	CHICKEN	PASTA	PUDDING	WATERMELON

HERE AND NOW

MINDFUL EATING

1 LOOK AND CHECK.

1.
2.
3.

2 LISTEN AND SAY. THEN TRY.

1. BITTER
2. CRUNCHY
3. SAVORY
4. SOFT
5. SOUR
6. SWEET

3 READ AND CIRCLE.

1. EAT AT THE TABLE.
2. EAT WHILE USING YOUR SMARTPHONE.
3. EAT NEW FOODS.
4. EAT SLOWLY.

REVIEW 7 & 8

1. READ, LOOK AND WRITE.

HI, I'M JONATHAN AND I CAN PLAY TUG-OF-WAR.

HI, I'M DANIELLE AND I CAN PLAY HIDE-AND-SEEK.

HI, I'M ALAN AND I CAN PLAY HOPSCOTCH.

1.
2.
3.

2. READ AND DRAW.

1. I CAN JUMP ROPE.
2. I CAN PLAY TUG-OF-WAR.
3. I CAN PLAY HOPSCOTCH.

3 LOOK AND STICK.

1.

2.

4 LOOK AND COMPLETE.

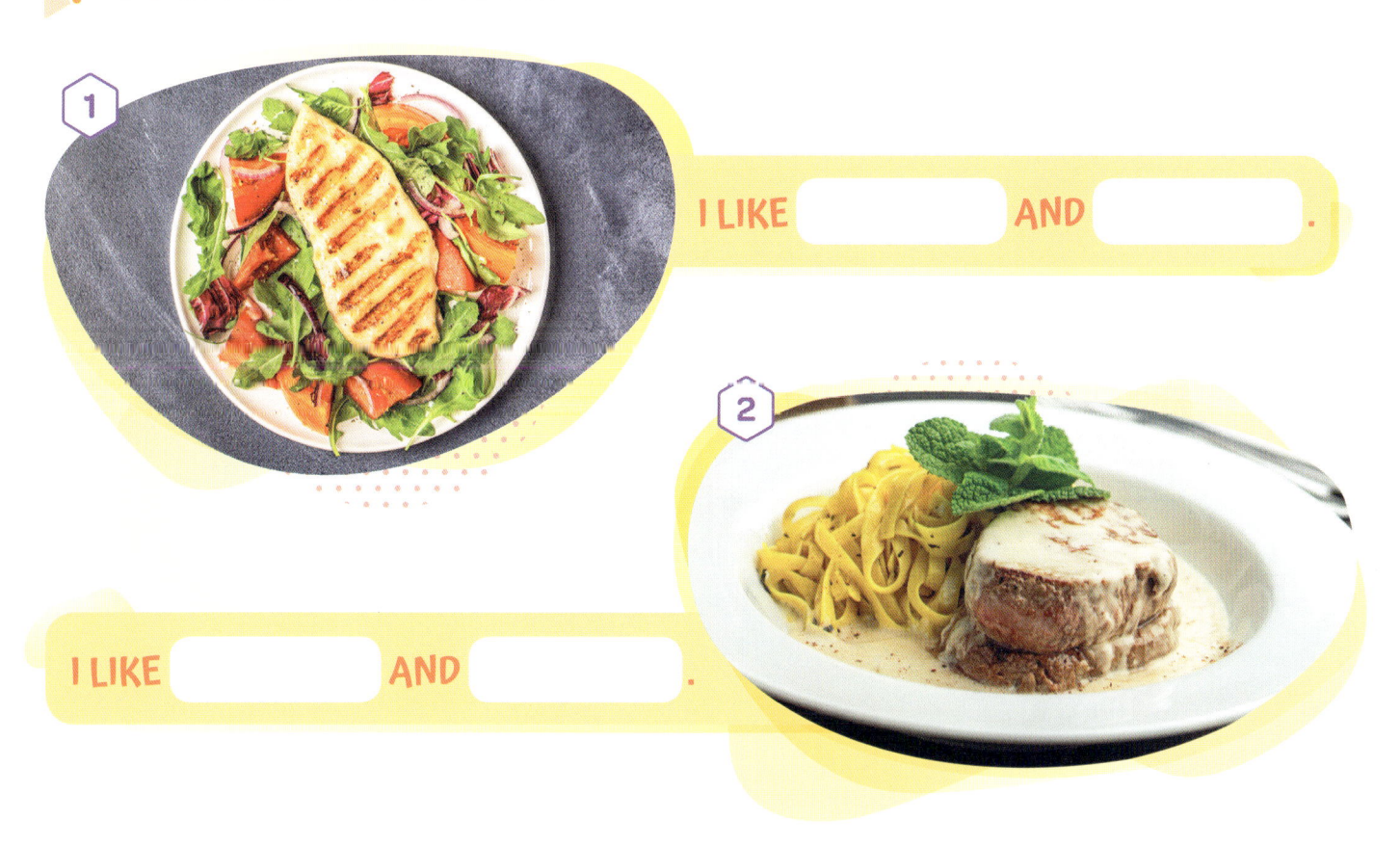

1. I LIKE _____ AND _____ .

2. I LIKE _____ AND _____ .

HANDS ON

BUILDING A SCHOOL

1 GUESS WHO?

2 LOOK AND NUMBER.

1. PLAYGROUND
2. CANTEEN
3. ART ROOM
4. CLASSROOM
5. ADMINISTRATIVE OFFICE
6. MUSIC ROOM
7. AUDITORIUM
8. GYM
9. COMPUTER LAB
10. LIBRARY

3 PLAN AND BUILD A SCHOOL.

HANDS ON

MAKING A SCRAPBOOK ABOUT ANIMALS

1. GUESS THE ANIMAL.

2. LOOK AND MATCH.

1. TAIL
2. SNOUT
3. SCALES
4. SHELL
5. HORNS
6. BEAK

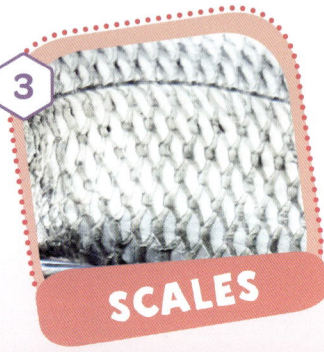

A. TURTLE
B. MOOSE
C. FISH
D. TOUCAN
E. RACCOON
F. FOX

3 **SEARCH AND COLLECT. THEN MAKE A SCRAPBOOK.**

BEAK

FEATHER

FEET

FUR

HORN

PAW

SCALE

SHELL

SNOUT

TAIL

JAGUAR'S FUR

SNAKE'S SCALES

DOG'S PAW

PARROT'S FEATHERS

GAME 1 — LET'S FIGURE IT OUT!

1. START
2. (caterpillar)
3. (popcorn)
4. GO >> 1 SPACE.
5. (rain cloud)
6. 7 + 6
7. (sun)
8. (present)
9. 17 − 9
10. MISS A TURN.
11. GUESS WHO?

HAPPY BIRTHDAY!

FINISH — 21

- 12: 14 + 5
- 13
- 14: GO << 2 SPACES.
- 15
- 16
- 17
- 18: 19 − 7
- 19
- 20: MISS A TURN.

GAME 2 — HOP AND PULL

- 5. I COLLECT...
- 6. GO BACK TO SPACE 2.
- 15.
- 4. IT'S THE...
- 7. HOW MANY?
- 14.
- 3. WHAT'S THE WEATHER LIKE?
- 8. WHERE'S THE PRESENT?
- 13. I HAVE...
- 2.
- 9. GO UP TO SPACE 14.
- 12. HYENAS HAVE...
- 1. START
- 10. I CAN...
- 11. GO UP TO SPACE 19.

16 I CAN...

25 FINISH

17 I HAVE...

24 I LIKE...

18 WHERE'S THE BALLOON?

23 WHAT'S THIS?

19

22 GO BACK TO SPACE 15.

20 IT'S THE...

21 I DON'T LIKE...

EIGHTY-SEVEN 87

INSTRUCTIONS

Learn more!
http://mod.lk/class2

ANSWER: RESPONDA
ASK: PERGUNTE
BREAK THE CODE: DESVENDE O CÓDIGO
BREATHE: RESPIRE
BUILD: CONSTRUA
CHECK: ASSINALE
CHOOSE: ESCOLHA
CIRCLE: CIRCULE
CLASSIFY: CLASSIFIQUE
COLOR: PINTE
COMPARE: COMPARE
COMPLETE: COMPLETE
COUNT: CONTE
CROSS OUT: RISQUE
DANCE: DANCE
DO: FAÇA
DRAW: DESENHE
FIND: ENCONTRE
FOLLOW: SIGA
GUESS: ADIVINHE

IMAGINE: IMAGINE
INTERVIEW: ENTREVISTE
JOIN THE DOTS: LIGUE OS PONTOS
LISTEN: OUÇA
LOOK: OLHE
MATCH: RELACIONE, LIGUE
MIME: FAÇA MÍMICA
NUMBER: NUMERE
PLAN: PLANEJE
PLAY: BRINQUE, JOGUE
POINT: APONTE
PRESS OUT: DESTAQUE
READ: LEIA
SAY: DIGA, FALE
SEARCH: PESQUISE
SING: CANTE
STICK: COLE (ADESIVO)
TAKE NOTES: ANOTE
TALK: CONVERSE
THINK: PENSE, REFLITA
TRY: EXPERIMENTE
WRITE: ESCREVA

LANGUAGE REFERENCE

UNIT 1

GOOD MORNING!   GOOD AFTERNOON!   GOOD EVENING!   GOOD NIGHT!

WHAT'S THE WEATHER LIKE TODAY?
IT'S COLD TODAY.

UNIT 2

WHAT'S THIS?
IT'S A BUTTERFLY.

HOW MANY ANTS?
SEVEN ANTS.

UNIT 3

WHERE'S THE CAKE?
IT'S ON THE TABLE.

ON
IN
UNDER

HAPPY BIRTHDAY! HOW OLD ARE YOU?
THANK YOU! NOW I'M SIX YEARS OLD.

UNIT 4

GUESS WHO? I HAVE BLOND HAIR AND BROWN EYES.

IT'S THE COOK.

MISS DIAZ

UNIT 5

IT'S A BABY HYENA.
THE BABY HYENA IS SMALL.

THEY'RE GIRAFFES.
GIRAFFES ARE BIG.

UNIT 6

I COLLECT KEY CHAINS.
WOW! HOW MANY?
I HAVE TEN KEY CHAINS.

CAN I BORROW YOUR ROCKS?
SURE! HERE YOU ARE.
THANK YOU.

UNIT 7

WHAT GAMES CAN YOU PLAY?
I CAN JUMP ROPE.
I CAN JUMP.

UNIT 8

I LIKE PASTA. WHAT ABOUT YOU?

I LIKE PASTA TOO.

I DON'T LIKE PASTA.

GLOSSARY

UNIT 1

CALENDAR: CALENDÁRIO
CLOUDY: NUBLADO
COLD: FRIO
CUCKOO CLOCK: RELÓGIO CUCO
DAY: DIA
DAYTIME: PERÍODO DIURNO
EVERYBODY: TODO MUNDO; PESSOAL
FALL: OUTONO
GO: IR
GOOD AFTERNOON!: BOA TARDE!
GOOD EVENING!: BOA NOITE! (CHEGADA)
GOOD MORNING!: BOM DIA!
GOOD NIGHT!: BOA NOITE! (DESPEDIDA)
HOT: QUENTE
HOURGLASS: AMPULHETA
LET'S...: VAMOS...
NIGHTTIME: PERÍODO NOTURNO
PLAY: BRINCAR

RAINY: CHUVOSO
SEASON: ESTAÇÃO (DO ANO)
SPRING: PRIMAVERA
SUMMER: VERÃO
SUN: SOL

SUNDIAL: RELÓGIO DE SOL
SUNNY: ENSOLARADO
TODAY: HOJE
TONIGHT: HOJE À NOITE
WEATHER: TEMPO ATMOSFÉRICO
WINDY: COM VENTO, VENTANDO
WINTER: INVERNO

UNIT 2

AFRAID: COM MEDO
ANT: FORMIGA
ATLANTIC FOREST: MATA ATLÂNTICA

BEE: ABELHA
BUTTERFLY: BORBOLETA
CATERPILLAR: LAGARTA
COURAGE: CORAGEM
CROSSWORD PUZZLE: PALAVRAS CRUZADAS
DANGER: PERIGO
DARK: ESCURO
DENTIST: DENTISTA
EIGHTEEN: DEZOITO
ELEVEN: ONZE
EVEN: PAR
FEAR: MEDO
FIFTEEN: QUINZE
FIREFLIES: VAGA-LUMES
FLY: VOAR
FOURTEEN: CATORZE
GLOW: BRILHAR
GRASSHOPPER: GAFANHOTO
HOME: CASA
HOW MANY...?: QUANTOS(AS)...?
INSECTS: INSETOS
LADYBUG: JOANINHA
LIGHTS: LUZES
NINETEEN: DEZENOVE
ODD: ÍMPAR
ROLLER-COASTER: MONTANHA--RUSSA

NINETY-THREE 93

SEVENTEEN: DEZESSETE
SIXTEEN: DEZESSEIS
SNAKE: COBRA
SO MANY: TANTOS(AS)
THIRTEEN: TREZE
TWELVE: DOZE
TWENTY: VINTE

UNIT 3

AUNT: TIA
BALLOON: BALÃO, BEXIGA
BIRTHDAY: ANIVERSÁRIO
BOOT: BOTA
BREAD: PÃO
BUTTER: MANTEIGA
CAKE: BOLO
CAN: CONSEGUIR, PODER
CANDLE: VELA
CANDY: DOCE
CHEST: BAÚ
COIN: MOEDA
COME: VIR
COUSIN: PRIMO(A)
CRACKER: PACOTE-SURPRESA 
EVERYWHERE: EM TODOS OS LUGARES
HAPPY: FELIZ
HAVE FUN: DIVERTIR-SE
IN: DENTRO

LOTS OF: MUITOS(AS)
NOODLES: MACARRÃO 
ON: EM CIMA, SOBRE
PARTY: FESTA; FESTEJAR
POPCORN: PIPOCA
SANDWICH: SANDUÍCHE
SEE: VER
SWEET: DOCE
TABLE: MESA
THERE: LÁ
TRADITION: TRADIÇÃO
UNCLE: TIO
UNDER: EMBAIXO

UNIT 4

BE NAUGHTY: APRONTAR
BLOND: LOIRO(A)
BROWN: CASTANHO
BULLY: INTIMIDAR
CANTEEN: REFEITÓRIO 
CHEAT: TRAPACEAR
CLASSROOM: SALA DE AULA
CLEANER: FAXINEIRO(A)
CLOTHES: ROUPAS
COOK: COZINHEIRO(A), MERENDEIRO(A)
COOL: LEGAL
EYES: OLHOS
FRIEND: AMIGO(A)
GRAY: GRISALHO 
GUESS WHO?: ADIVINHA QUEM É?
HAIR: CABELO
HAZEL: CASTANHO-CLARO
LIBRARIAN: BIBLIOTECÁRIO(A)
LONG: LONGO(A)
PEOPLE: PESSOAS
PRINCIPAL: DIRETOR(A) DE ESCOLA
RED: RUIVO
RESTROOM: BANHEIRO
SCHOOL: ESCOLA
SECRETARY: SECRETÁRIO(A)
STUDENT: ALUNO(A)
TEACHER: PROFESSOR(A)

NINETY-FOUR

GLOSSARY

UNIT 5

BABY: FILHOTE
BIG: GRANDE
BIRD: PÁSSARO
CARE: CUIDADO
COLORFUL: COLORIDO(A) 
FEATHERS: PENAS
FEET: PÉS
FUR: PELO
HAVE: TER
HIPPO: HIPOPÓTAMO
HUMMINGBIRD: BEIJA-FLOR
LIFE: VIDA
LION: LEÃO
LIVE: VIVER
LOVE: AMAR
MARMOSET: SAGUI 
NEED: PRECISAR
OUT LOUD: BEM ALTO (SOM)
PAWS: PATAS
SLOTH: BICHO-PREGUIÇA
SMALL: PEQUENO(A)
THEM ALL: TODOS(AS) ELES(AS)
WILD: SELVAGEM
WITH ME: COMIGO

UNIT 6

AFTER: DEPOIS
ANXIETY: ANSIEDADE
BEFORE: ANTES
BORROW: PEGAR EMPRESTADO(A)
BREATHE: RESPIRAR
COLLECT: COLECIONAR
COLLECTION: COLEÇÃO
COMIC BOOKS: GIBIS
DRAWINGS: DESENHOS
DURING: DURANTE
ERASER: BORRACHA
HERE YOU ARE: AQUI ESTÁ/ESTÃO
KEY CHAINS: CHAVEIROS
MANY: MUITOS(AS)
MINDFULNESS: ATENÇÃO PLENA
MODEL CAR: CARRO EM MINIATURA 
PIGGY BANK: COFRE DE PORQUINHO 
QUANTITY: QUANTIDADE
ROCKS: PEDRAS
SOME: ALGUNS/ALGUMAS
STICKERS: ADESIVOS
SURE: COM CERTEZA; É CLARO

UNIT 7

BENCH: BANCO 
BODY: CORPO
CHINESE WHISPERS: TELEFONE SEM FIO (BRINCADEIRA)
FREEZE: CONGELAR

FREEZE DANCE: ESTÁTUA (BRINCADEIRA)
GAMES: BRINCADEIRAS, JOGOS
HAND: MÃO
HIDE: ESCONDER(-SE)
HIDE-AND-SEEK: ESCONDE-ESCONDE
HOP: PULAR EM UM PÉ SÓ
HOPSCOTCH: AMARELINHA (BRINCADEIRA)
HOUSE: CASA
I CAN...: EU POSSO/CONSIGO...
I CAN'T...: EU NÃO POSSO/NÃO CONSIGO...
JUMP: PULAR
LEG: PERNA
MARBLE: BOLINHA DE GUDE 
MIME: FAZER MÍMICA
MOUTH: BOCA
MOVE: MEXER, MOVIMENTAR(-SE)
MYSELF: EU MESMO(A)
PULL: PUXAR
RIGHT NOW: AGORA MESMO
ROPE: CORDA
SCISSORS: TESOURA
SEEK: PROCURAR
SHUTTLECOCK: PETECA 
SLIDE: ESCORREGADOR
TUG-OF-WAR: CABO DE GUERRA
WHISPER: COCHICHAR
WORLD: MUNDO

UNIT 8

BITTER: AMARGO(A)
CHICKEN: FRANGO
CRUNCHY: CROCANTE
EAT: COMER
FISH: PEIXE
FRUIT SALAD: SALADA DE FRUTAS
HAVE LUNCH: ALMOÇAR
I DON'T LIKE...: EU NÃO GOSTO DE...
I LIKE...: EU GOSTO DE...
KITCHEN: COZINHA
MEALTIME: HORA DA REFEIÇÃO
PASTA: MASSA, MACARRÃO
PUDDING: PUDIM
SAUCE: MOLHO
SAVORY: SALGADO(A) 
SLICE: FATIA
SLOWLY: DEVAGAR
SOFT: MACIO(A) 
SOUR: ÁCIDO(A); AZEDO(A)
STEAK: BIFE
WATERMELON: MELANCIA
WHAT ABOUT YOU?: E VOCÊ?
WHILE: ENQUANTO

NAME: _____   CLASS: _____

WORKBOOK UNIT 9

1 FIND AND CIRCLE.

- CLOUDY
- FALL
- HOT
- SPRING
- SUMMER
- WINTER

C	X	O	C	R	S	C	T	V	H
F	A	L	L	I	P	H	N	L	M
X	S	I	O	W	R	N	P	J	N
Y	K	N	U	Z	I	D	F	Y	U
O	A	I	D	V	N	S	L	D	F
G	H	F	Y	X	G	D	H	K	X
U	J	M	S	Y	K	X	O	Q	E
W	I	O	D	W	I	N	T	E	R
N	A	H	E	G	Z	S	R	N	W
S	U	M	M	E	R	T	X	S	A

2 READ AND DRAW.

| IT'S DAYTIME! | IT'S NIGHTTIME! |

NINETY-SEVEN 97

3 READ AND STICK.

1. GOOD AFTERNOON!
2. GOOD NIGHT!
3. GOOD MORNING!
4. GOOD EVENING!

4 LOOK, READ AND MATCH.

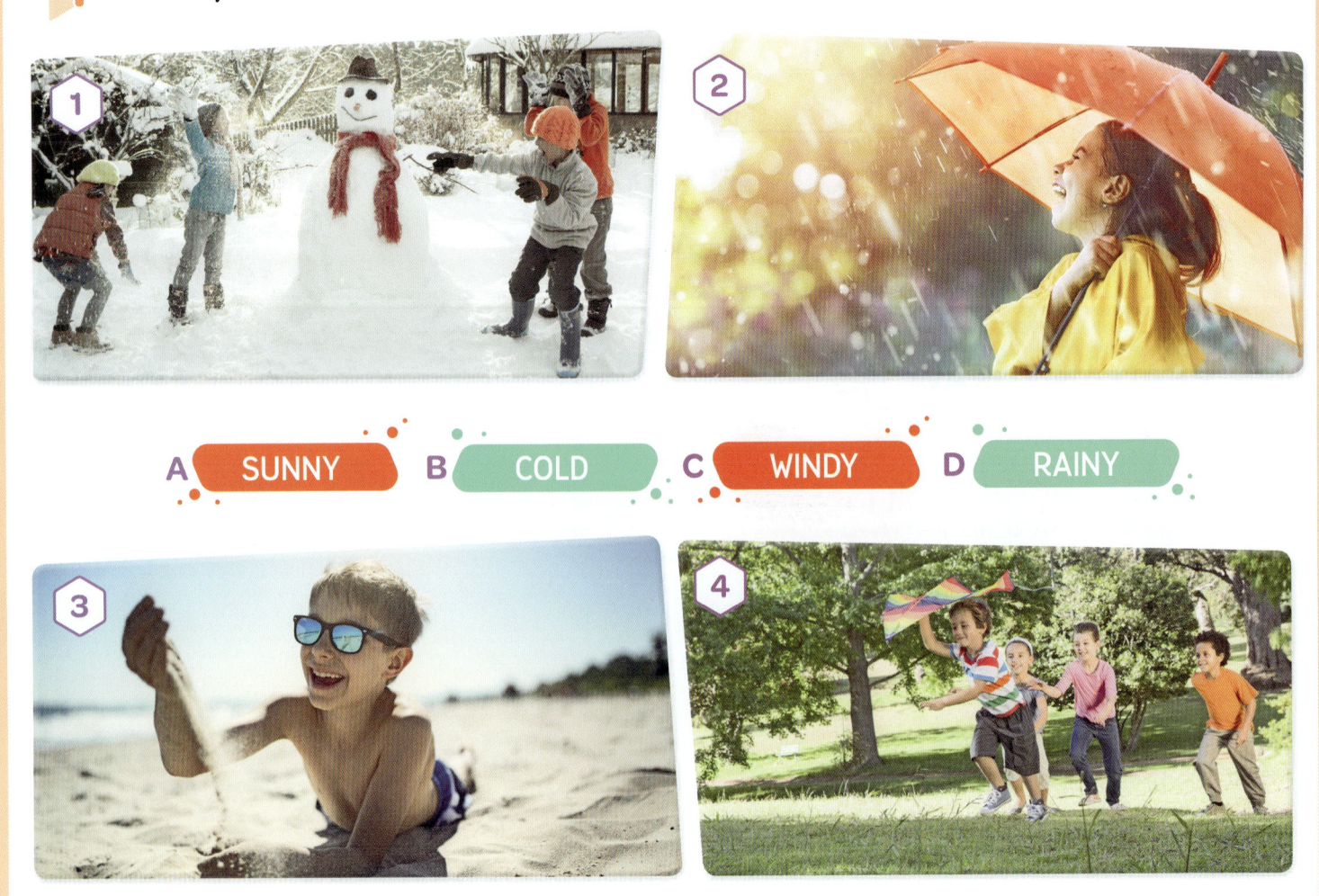

A SUNNY   B COLD   C WINDY   D RAINY

WORKBOOK UNIT 2

NAME: _____   CLASS: _____

1. BREAK THE CODE AND WRITE.

1. BEE
2. LADYBUG
3. FIREFLY
4. BUTTERFLY

2. READ, COUNT AND COLOR.

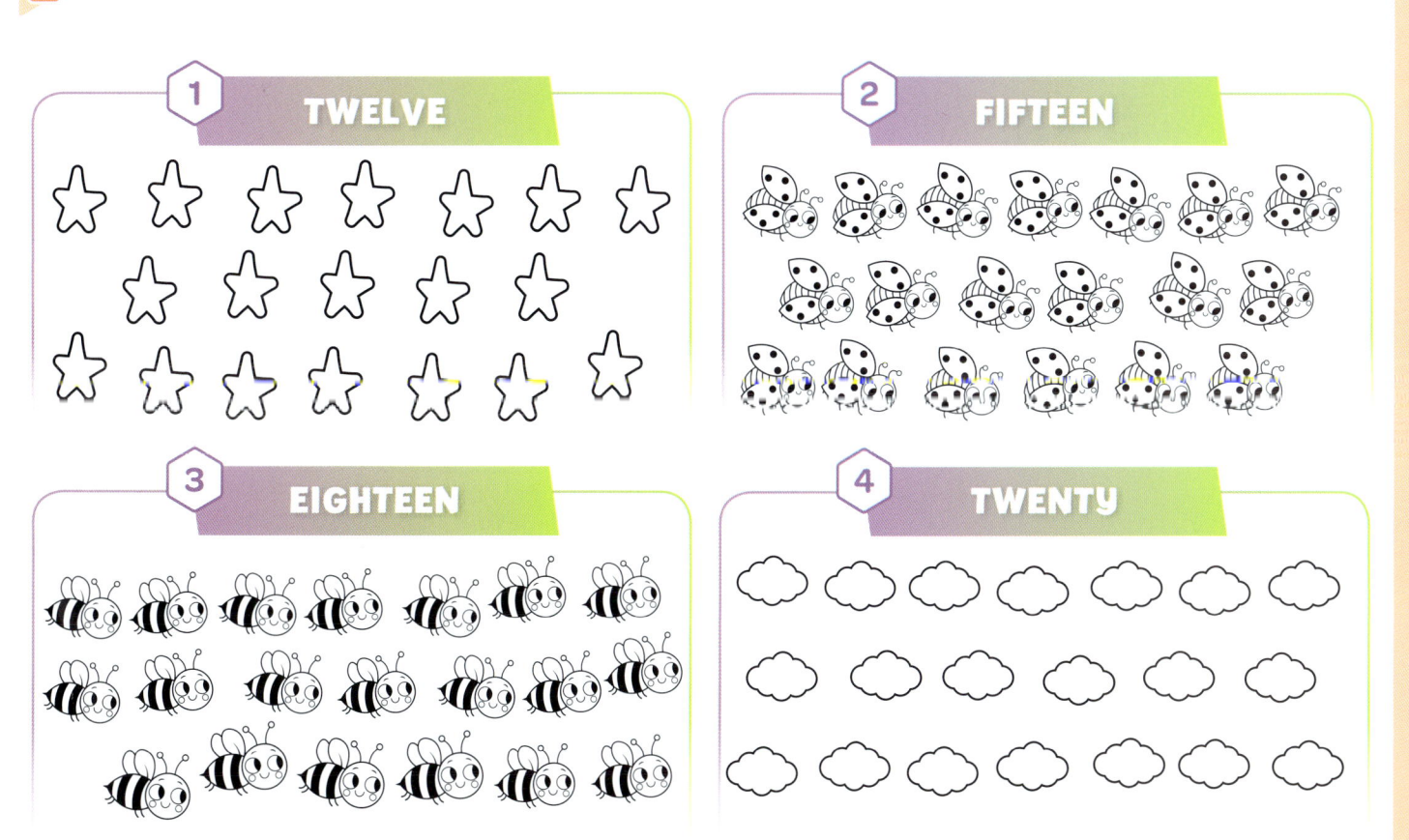

1. TWELVE
2. FIFTEEN
3. EIGHTEEN
4. TWENTY

NINETY-NINE 99

3 LOOK AND CHECK.

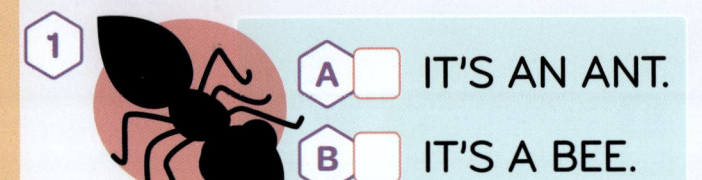

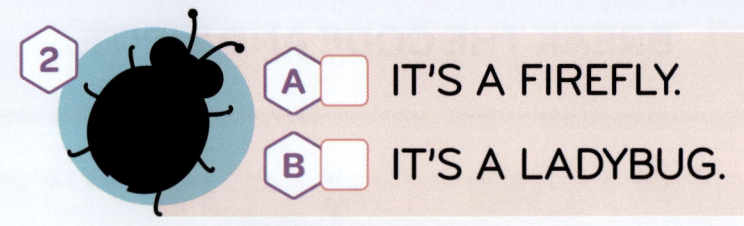

1.
   - A ☐ IT'S AN ANT.
   - B ☐ IT'S A BEE.

2.
   - A ☐ IT'S A FIREFLY.
   - B ☐ IT'S A LADYBUG.

3.
   - A ☐ IT'S A GRASSHOPPER.
   - B ☐ IT'S A BUTTERFLY.

4.
   - A ☐ IT'S A FIREFLY.
   - B ☐ IT'S A CATERPILLAR.

4 DO THE CROSSWORD PUZZLE.

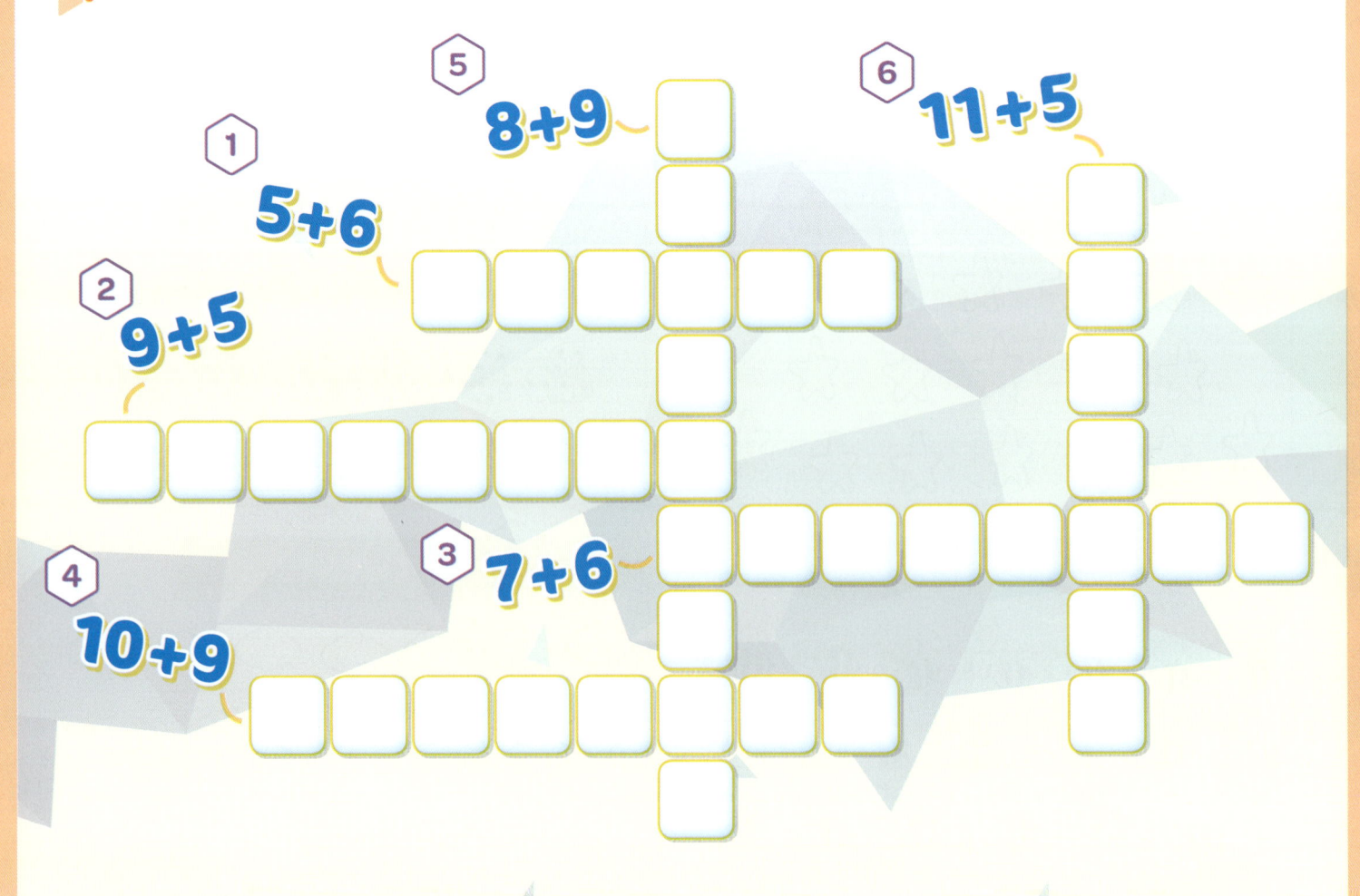

1. 5+6
2. 9+5
3. 7+6
4. 10+9
5. 8+9
6. 11+5

WORKBOOK

UNIT 3

NAME: _____   CLASS: _____

1. READ, LOOK AND WRITE.

> BALLOON   CAKE   CANDLE   CHEST
> POPCORN   PRESENT   SANDWICH   TABLE

1. _____
2. _____
3. _____
4. _____
5. _____
6. _____
7. _____
8. _____

2. LOOK, READ AND CIRCLE.

1. A: WHERE'S THE CANDLE?
   B: IT'S **ON** / **IN** / **UNDER** THE CAKE.

2. A: WHERE'S THE PRESENT?
   B: IT'S **ON** / **IN** / **UNDER** THE CHEST.

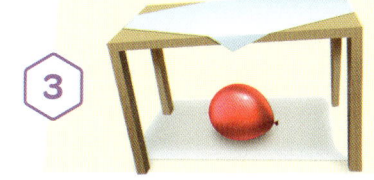

3. A: WHERE'S THE BALLOON?
   B: IT'S **ON** / **IN** / **UNDER** THE TABLE.

A HUNDRED AND ONE — 101

3 CIRCLE THE FAMILY WORDS.

CAKE   GRANDMA   BIRTHDAY

DAD   CANDLE   TABLE   AUNT

BROTHER   PRESENT   UNCLE   GRANDPA

NIGHT   MOM   BALLOON   CLOUDY

SANDWICH   SUMMER   COUSIN

SISTER   POPCORN   CHEST

4 LOOK AND COMPLETE.

1 THIS IS ME.
2 THIS IS MY S___ST___R.
3 THIS IS MY G___AND___A.
4 THIS IS MY GR___NDP___.
5 THIS IS MY ___UN___.
6 THIS IS MY U___CL___.
7 THIS IS MY C___USI___.

NAME: _____ CLASS: _____

WORKBOOK

UNIT 4

1 READ AND COLOR.

1. I HAVE RED HAIR AND GREEN EYES.

2. I HAVE BROWN HAIR AND BLUE EYES.

2 LOOK, READ AND CIRCLE.

1. I HAVE **BLACK** / **BLOND** HAIR AND **BROWN** / **BLUE** EYES.

2. I HAVE **BLACK** / **RED** HAIR AND **BROWN** / **BLUE** EYES.

A HUNDRED AND THREE | 103

3 LOOK AND MATCH.

1. STUDENT
2. CLEANER
3. COOK
4. LIBRARIAN

A
B
C
D

4 LOOK AND COMPLETE.

1. IT'S THE _____.
2. IT'S THE _____.
3. IT'S THE _____.

NAME: _____ CLASS: _____

WORKBOOK
UNIT 5

1 JOIN THE DOTS AND WRITE.

1 IT'S A _____.

2 IT'S A _____.

2 LOOK AND COMPLETE.

1 F _ R

2 F _ E _

3 _ A _ S

4 F _ A _ H E _ S

3   **READ, LOOK AND NUMBER.**

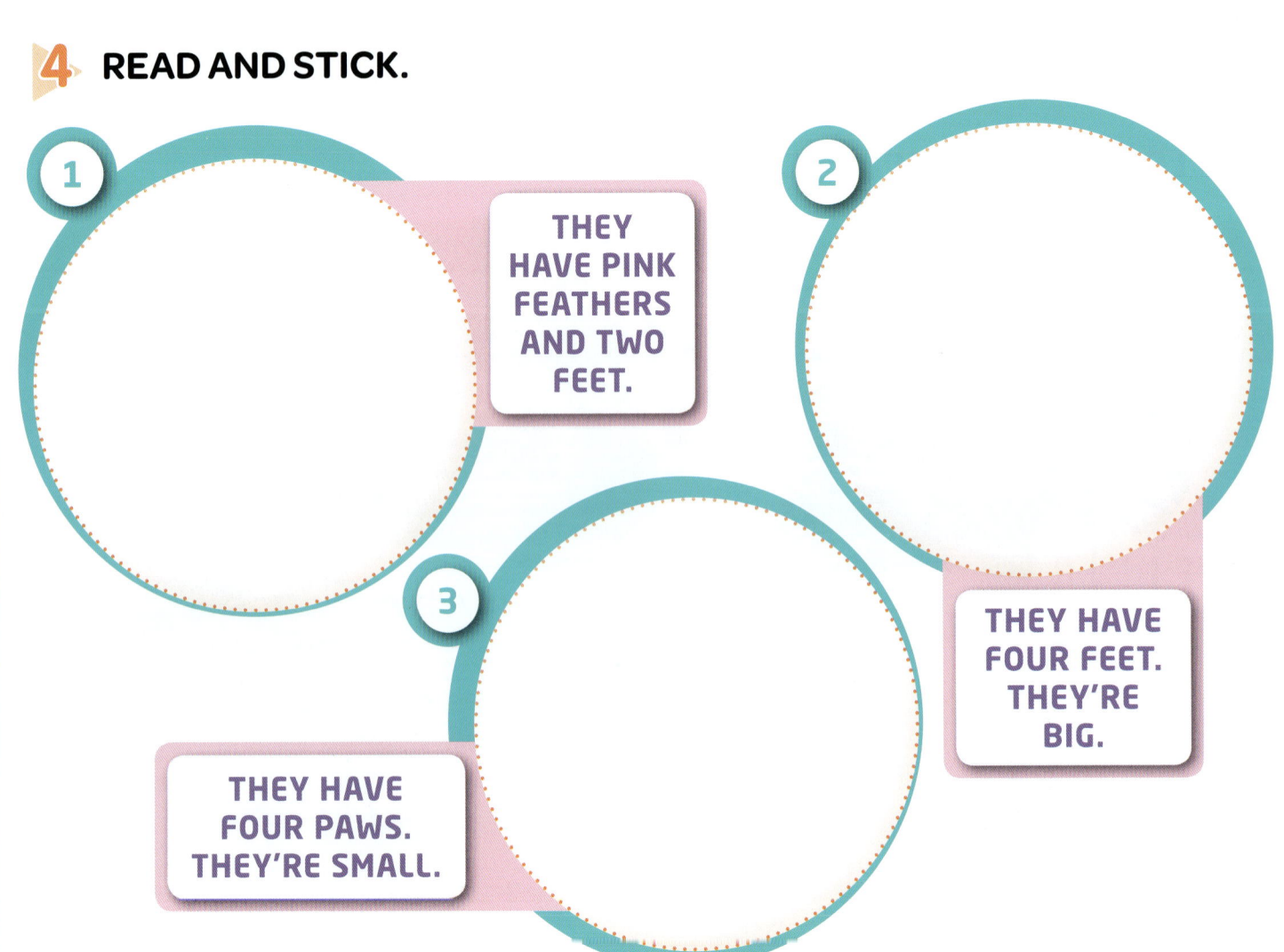

1 IT'S BIG.   2 IT'S SMALL.   3 THEY'RE SMALL.   4 THEY'RE BIG.

4   **READ AND STICK.**

1

THEY HAVE PINK FEATHERS AND TWO FEET.

2

THEY HAVE FOUR FEET. THEY'RE BIG.

3

THEY HAVE FOUR PAWS. THEY'RE SMALL.

WORKBOOK

UNIT 6

NAME: _____ CLASS: _____

1 LOOK AND MATCH.

1. [stone/rock]
2. [soccer ball keychain]
3. [coin]

A. [keys]
B. [piggy bank]
C. [river]

2 COMPLETE AND BREAK THE CODE.

☐O☐IC B☐O☐S   M☐D☐☐ ☐AR☐   E☐AS☐RS
  1   2   2 5 3   1 4   5

☐OOKS   S☐ICKE☐S   KE☐ CH☐☐NS
  1   6   7

       C☐I☐S   ☐RA☐ING☐
        2 8   4

__ __ __ __ E_ __ __ __ __ __ __
 1 2 3 3 5 1 6 7 2 8 4

107 A HUNDRED AND SEVEN

3 LOOK, READ AND WRITE.

1. I COLLECT ERASERS.
2. I COLLECT KEY CHAINS.
3. I COLLECT COINS.
4. I COLLECT STICKERS.

THOMAS DIANA FRED BELLA

4 LOOK, READ AND CHECK.

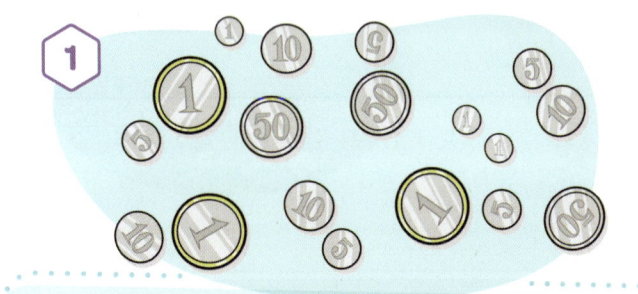

1.
- ☐ I HAVE EIGHTEEN COINS.
- ☐ I HAVE EIGHTEEN KEY CHAINS.

2.
- ☐ I HAVE TWENTY DRAWINGS.
- ☐ I HAVE TWENTY ROCKS.

3.
- ☐ I HAVE FOURTEEN ERASERS.
- ☐ I HAVE FIFTEEN ERASERS.

4.
- ☐ I HAVE SIXTEEN STICKERS.
- ☐ I HAVE THIRTEEN STICKERS.

WORKBOOK
UNIT 7

NAME: _____ CLASS: _____

1 FIND AND CIRCLE.

| FREEZE DANCE | HIDE-AND-SEEK | HOPSCOTCH | MIME |

```
M J L H O P S C O T C H N T O
I B H - O U G T Y * F J S G E
M F H I D E - A N D - S E E K
E Q Y V R U V M N E I B - P A
- Y F R E E Z E * D A N C E L
A F * V D T N - E B M G O F U
```

2 READ AND FIND THE WAY.

I CAN PLAY HOPSCOTCH.

I CAN JUMP ROPE.

3 READ, LOOK AND NUMBER.

1. I CAN FREEZE.
2. I CAN HOP.
3. I CAN MIME.
4. I CAN HIDE.

A ☐
B ☐
C ☐
D ☐

4 LOOK AND WRITE.

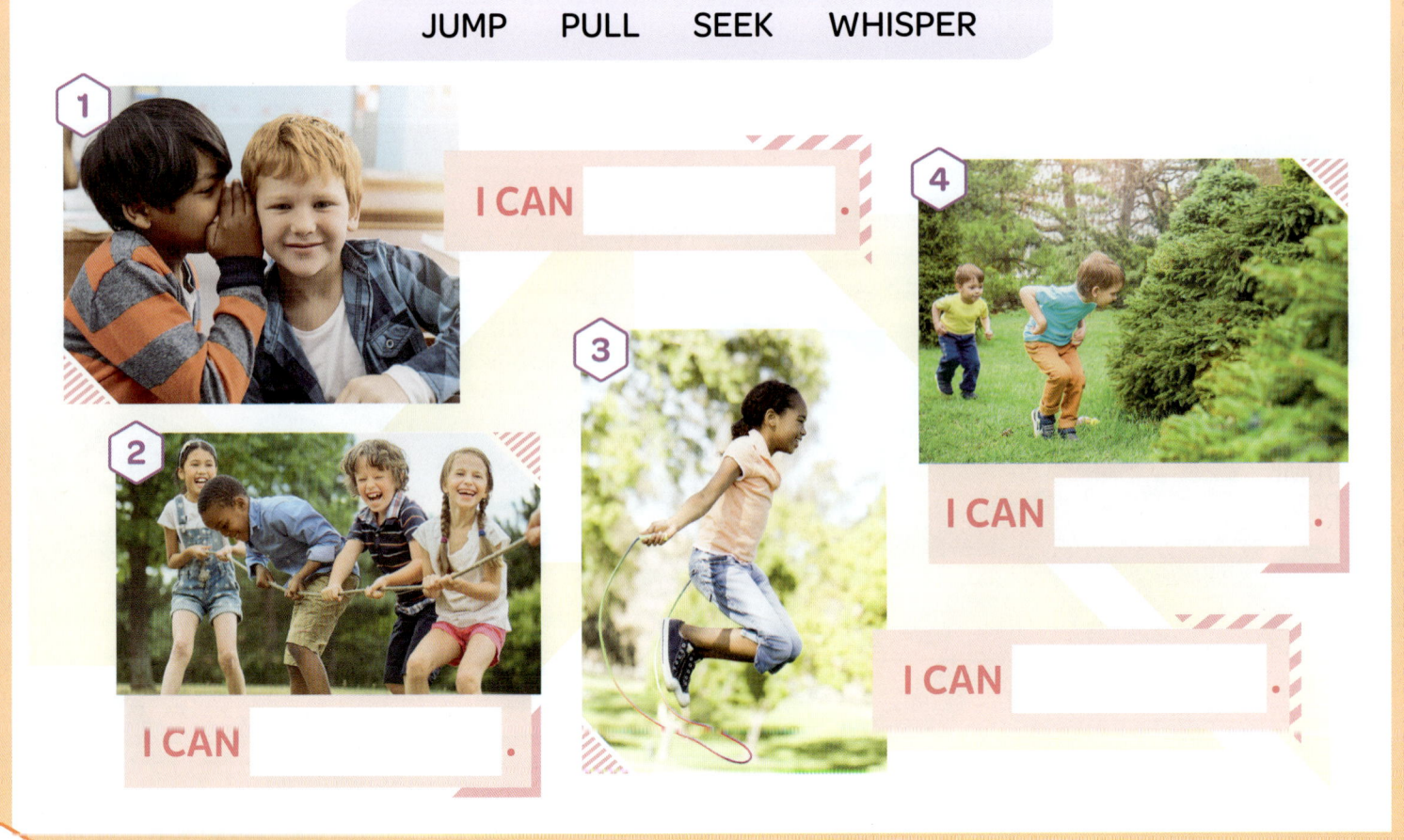

JUMP   PULL   SEEK   WHISPER

1. I CAN _____.
2. I CAN _____.
3. I CAN _____.
4. I CAN _____.

WORKBOOK

UNIT 8

NAME: _____ CLASS: _____

1. DO THE CROSSWORD PUZZLE.

A HUNDRED AND ELEVEN 111

2 LOOK, READ AND CHECK.

1

A ☐ I LIKE PASTA, FISH AND FRUIT SALAD.

B ☐ I LIKE PASTA, STEAK AND PUDDING.

2

A ☐ I LIKE SALAD, CHICKEN AND FRUIT SALAD.

B ☐ I LIKE SALAD, STEAK AND PUDDING.

3 READ, LOOK AND WRITE.

DON'T LIKE   LIKE

CHICKEN   PUDDING   STEAK   WATERMELON

1 I _____

2 I _____

112 A HUNDRED AND TWELVE

UNIT 1

PRESS-OUTS

A HUNDRED AND THIRTEEN 113

UNIT 3

PRESS-OUTS

A HUNDRED AND FIFTEEN 115

A

B

A HUNDRED AND SEVENTEEN 117

PRESS-OUTS

UNIT 5

PRESS-OUTS

A HUNDRED AND NINETEEN 119

UNIT 6

1

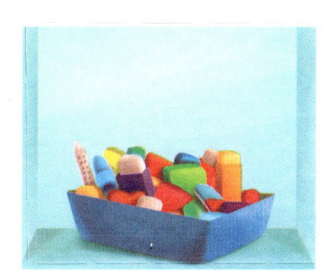

PRESS-OUTS

A HUNDRED AND TWENTY-ONE 121

2

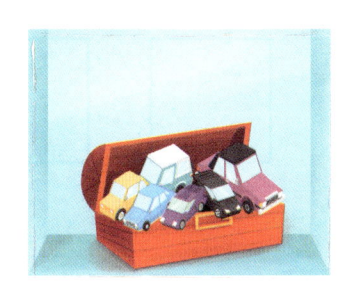

PRESS-OUTS

A HUNDRED AND TWENTY-THREE 123

UNIT 8

A HUNDRED AND TWENTY-FIVE 125

PRESS-OUTS

GAMES

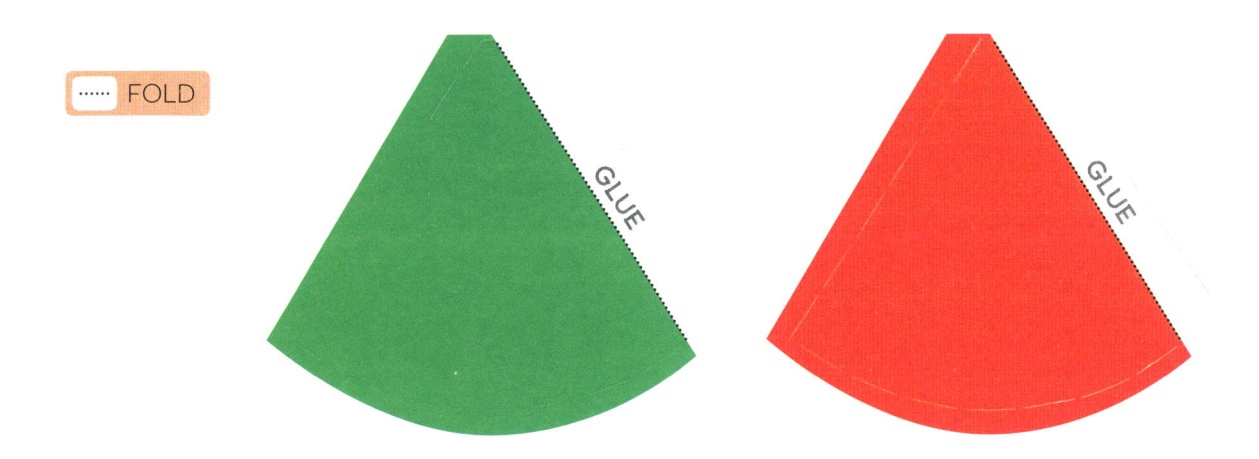

PRESS-OUTS

······ FOLD

GLUE · GLUE

5
GLUE · GLUE
4 · 6 · 3
GLUE · GLUE
2
1
GLUE

A HUNDRED AND TWENTY-SEVEN 127

STICKERS

UNIT 1

IT'S NIGHTTIME!

IT'S DAYTIME!

THE SUN IS SHINING.

THE SUN IS NOT SHINING.

UNIT 2

REVIEW 1 & 2

1

A HUNDRED AND TWENTY-NINE 129

4

UNIT 3

4

IN   ON

UNDER

11

A HUNDRED AND THIRTY-ONE

STICKERS

UNIT 4

BRYCE   MR. BLAIR

MS. NICE   MS. DELAWARE

REVIEW 3 & 4

UNIT 5

A HUNDRED AND THIRTY-THREE 133

UNIT 8

REVIEW 7 & 8

YES, PLEASE.

NO, THANKS.

STICKERS

STICKERS

WORKBOOK UNIT 1

WORKBOOK UNIT 5

A HUNDRED AND THIRTY-SEVEN 137

Projeto LUMIRÁ

Língua Portuguesa 5

Caderno de Atividades

Aluno: ....

Escola: ....

editora ática

SUMÁRIO

Formação de palavras por derivação, composição e redução 3
Uso de **por que**, **por quê**, **porquê** e **porque** / Interjeição 4
Flexão do adjetivo: gênero e número / Graus do adjetivo 5
Palavras terminadas em **-oso**, **-osa** e **-esa** /
Comprimento, cumprimento 6
Pronome possessivo 7
Em cima, embaixo, em alto, em baixo 8
Preposição e locução prepositiva 9
Pontuação / Letras **x**, **z**, **c**, **ç**, **s**, **ss**, **sc**, **sç**, **xc** 10
Pronome demonstrativo 11
Crase / Sexta, cesta 12
Abreviatura, sigla e símbolo 13
Verbo 14
Mas, mais 15
Conjunção 16
Verbo: modo indicativo 17
Uso de **mesmo** e **próprio** / Traz, trás, detrás e atrás 18
Numerais / Meio, meia 19
Verbo: modo subjuntivo 20
Palavras terminadas em **-isse**, **-ice** 21
Verbo: modo imperativo 22
Formas nominais do verbo 23
Locução verbal 24
Prefixos **des-** e **i-**, **im-**, **in-**, **ir-** 25
Advérbio e locução adverbial 26
Mal, mau / Verbo **haver** 27
Pronome relativo 28
Onde, aonde / Hífen nas palavras compostas 29
Frase e oração 30
Hífen nas palavras com prefixos 31
Sujeito e predicado 32

UNIDADE 1 CAPÍTULO 1

Páginas 16-17 do livro

Formação de palavras por derivação, composição e redução

1 Use as palavras do quadro para completar as colunas abaixo.

pontapé	amanhecer	micro-ondas	otorrino
oculista	moto	amor-perfeito	jornaleiro
passatempo	felizmente	paraquedas	metrô

Palavras formadas por derivação	Palavras formadas por composição	Palavras formadas por redução

2 Escolha uma palavra de cada coluna da atividade anterior e forme frases.

_____

_____

_____

_____

_____

3 Complete as definições a seguir.

a) Dá-se o nome de _____ ao processo que forma novas palavras a partir de uma versão mais curta de palavras originalmente longas.

b) Dá-se o nome de _____ ao processo de juntar duas ou mais palavras para formar outras.

c) Dá-se o nome de _____ ao processo de acrescentar prefixos e sufixos a uma palavra para formar outras.

UNIDADE 1 CAPÍTULO 1

Páginas 18-19 e 26-27 do livro

Uso de **por que**, **por quê**, **porquê** e **porque** / **Interjeição**

1 Complete os espaços com **por que**, **por quê**, **porquê** ou **porque**.

a) O _____ de eu não sair é que estou indisposto.

b) Comprei um guarda-chuva novo _____ o meu estava quebrado.

c) Por favor, me diga _____ está tão irritado.

d) Andar até o clube _____? Vamos de ônibus.

e) _____ estamos esperando aqui?

2 Escreva frases com:

a) por que

_____

_____

b) porque

_____

_____

c) por quê

_____

_____

d) porquê

_____

_____

3 Complete os espaços com uma interjeição que expresse o sentimento indicado.

a) _____! Como você dança bem! [admiração]

b) _____! Por essa eu não esperava! [surpresa]

c) _____! Venha até aqui! [chamamento]

d) _____! Finalmente acabamos a limpeza! [alívio]

Flexão do adjetivo: gênero e número / Graus do adjetivo

1 Complete cada frase com um dos adjetivos do quadro, fazendo as adaptações necessárias.

> amável brincalhão romântico

a) Obrigada pelo carinho, seus pais foram muito _____ comigo ontem.

b) Seus primos são mesmo _____, não param de fazer graça um minuto!

c) Aquela médica fantasiada de palhaça era muito _____, fazia várias caretas e divertiu todas as crianças do hospital.

d) Meu vizinho é um dos homens mais _____ que eu já vi! Ele vive mandando flores para a esposa.

2 Marque com um **X** em que grau comparativo estão os adjetivos das frases abaixo.

a) O sábado foi um dia menos tedioso do que o domingo.
☐ de igualdade   ☐ de superioridade   ☐ de inferioridade

b) Bárbara é maior do que seu irmão caçula.
☐ de igualdade   ☐ de superioridade   ☐ de inferioridade

c) Ler um livro é tão empolgante quanto viajar para outros países.
☐ de igualdade   ☐ de superioridade   ☐ de inferioridade

3 Complete as frases com as palavras do quadro abaixo.

> menos muito agradabilíssimo mais

a) A festa de ontem estava _____ animada.

b) Júlia era quem estava _____ sonolenta durante o filme.

c) Nós tivemos um fim de tarde _____.

d) O camisa nove foi o jogador _____ atento do jogo.

- Os adjetivos das frases acima estão no grau:
☐ normal   ☐ comparativo   ☐ superlativo

UNIDADE 1 CAPÍTULO 2

Páginas 40-41 e 48-49 do livro

Palavras terminadas em -oso, -osa e -esa / Comprimento, cumprimento

1 Complete as palavras com os sufixos **-oso, -osa** ou **-esa**.

a) O espetáculo grandi_____.

b) A turista noruegu_____.

c) O homem fam_____.

d) A jovem baron_____

e) Uma resposta duvid_____.

f) O atleta coraj_____.

g) A alegre princ_____.

h) A oportunidade vantaj_____.

2 Com base nas palavras da atividade anterior, escreva **V** para as afirmações verdadeiras e **F** para as falsas.

☐ As palavras terminadas em **-oso** são adjetivos.

☐ As palavras terminadas em **-osa** são substantivos.

☐ As palavras terminadas em **-esa** são substantivos.

3 Marque com um **X** a alternativa que melhor substitui as palavras em destaque sem alterar o sentido da frase.

a) Vocês se saíram muito bem **no cumprimento** das tarefas.

☐ na saudação ☐ na realização ☐ na extensão

b) Você tem ideia **do comprimento** do terreno?

☐ da extensão ☐ da saudação ☐ da altura

c) Recebeu **muitos cumprimentos** pela sobremesa que preparou.

☐ muitos gestos ☐ muitas saudações ☐ muitos elogios

d) A noiva reclamou **do comprimento** do véu.

☐ da duração ☐ do tamanho ☐ da saudação

Pronome possessivo

1 Reescreva as frases abaixo trocando a palavra em destaque pela palavra indicada no quadrinho. Faça as adaptações necessárias.

a) Minha **gata** é muito arisca. [gatos]

_____

b) Como vão as tuas **noras**? [genro]

_____

c) O nosso **tempo** está acabando. [forças]

_____

2 Ao reescrever as frases da atividade anterior, o que você observou em relação aos pronomes possessivos?

_____

_____

3 Complete as frases com os pronomes possessivos indicados. Faça as adaptações necessárias.

a) Você lembra onde eu coloquei os _____ óculos? [meu]

b) Quando todos voltavam para as _____ casas, começou a chover. [ser]

c) Finalmente conseguimos comprar _____ apartamento! [nosso]

d) Qual é o _____ livro favorito? [seu]

e) _____ esperanças de viajar nas férias já acabaram. [meu]

f) Você sabe aonde foi o _____ irmão? [seu]

g) Guardamos todos os _____ filmes naquela estante. [nosso]

h) Meu filho, como andam as _____ notas? [seu]

i) Gritamos, mas ninguém ouviu as _____ vozes. [nosso]

Em cima, embaixo, em alto, em baixo

1 Crie perguntas para as respostas abaixo.

a) — _____
_____

— Estão **embaixo** da cama.

b) — _____
_____

— Deixei **em cima** do armário.

c) — _____
_____

— Porque viajei **em alta** temporada e passei muito tempo na estrada.

d) — _____
_____

— Ele sempre dirige **em baixa** velocidade.

2 Complete as frases com **embaixo** ou **em baixo**. Faça as adaptações necessárias.

a) As crianças se esconderam _____ da cama.

b) Esqueci meu celular _____ dos cobertores.

c) Ele imprimiu as fotos _____ resolução e elas ficaram péssimas!

d) Por que está falando desse jeito, _____ tom de voz?

e) Guardava as roupas antigas em um armário _____ da escada.

3 Relacione as colunas conforme o uso adequado das palavras.

| 1 | embaixo | | 2 | em baixo |

☐ Refere-se a um substantivo e pode flexionar em gênero e número.

☐ Indica lugar e não flexiona.

Preposição e locução prepositiva

1 Complete as frases com as preposições ou locuções prepositivas do quadro abaixo.

antes de	em	sobre	entre	de
para	ao lado de	desde	com	até

a) Ele sempre toma um copo _____ leite quente _____ ir _____ a cama.

b) Todos estão falando _____ o ocorrido.

c) Seu casaco estava jogado _____ as roupas sujas.

d) Eles ficaram _____ silêncio _____ a palestra terminar.

e) Gabriel disse que está nos esperando _____ uma escada rolante.

f) Nós vamos jogar futebol _____ o meu irmão.

g) Eu não o vejo _____ a semana passada.

2 Complete as frases com as palavras que você decifrará em cada símbolo.

■ = a + o   ♫ = em + a   ◖ = a + a   ♦ = de + o   ★ = de + eles

a) Vamos ■ cinema?

b) Onde está a camisa ♦ seu irmão?

c) Hoje nós vamos almoçar ♫ casa ★.

d) Finalmente ela chegou ◖ França.

Pontuação / Letras x, z, c, ç, s, ss, sc, sç, xc

1 Relacione cada frase com o sinal de pontuação que a finaliza adequadamente. Depois, pontue-as.

- [1] ponto-final **.**
- [2] ponto de interrogação **?**
- [3] ponto de exclamação **!**

- [ ] Você vem em casa hoje para jogarmos *videogame*____ (frase interrogativa)
- [ ] Eu gosto muito de sorvete____ (frase exclamativa)
- [ ] Estou satisfeito com minha nota____ (frase declarativa)

2 Assinale com um **X** apenas as frases que estão pontuadas de maneira correta.

- [ ] Professora, você pode repetir a leitura da questão?
- [ ] Naquela hora, todos ficaram em silêncio.
- [ ] Nós, visitamos as cidades de Roma Paris Berlim e Londres.

3 Complete as palavras com **x**, **z**, **c**, **ç, s** ou **ss**.

a) te____to
b) pa____oca
c) a____umir
d) ____ebola
e) lápi____
f) ____ábado
g) xadre____
h) pe____oa
i) pa____
j) e____periência
k) ____inema
l) a____úcar

4 Complete as palavras com **sc**, **sç** ou **xc**.

a) pi____ina
b) flore____am
c) e____elente
d) cre____imento
e) cre____o
f) fa____ínio
g) e____ursão
h) de____o
i) na____a
j) e____êntrico
k) e____epcional
l) adole____ente

UNIDADE 2 CAPÍTULO 4

Páginas 90-91 do livro

Pronome demonstrativo

1 Leia a tirinha:

Turma da Mônica, de Mauricio de Sousa.

a) Circule os pronomes demonstrativos que aparecem na tirinha.

b) O uso dos pronomes está adequado? Por quê?

_____
_____
_____
_____

2 Complete o diálogo com os pronomes demonstrativos adequados.

— Mana, você pode me emprestar _____ caderno que está bem na sua frente?

— Qual caderno? _____ de capa azul ou _____ de capa vermelha?

— _____ de capa vermelha.

Juliana entrega o caderno para o irmão e diz, antes que ele se afaste:

— Edu, você pode recolher _____ moedas que caíram debaixo da estante, por favor?

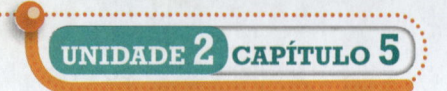

Crase / Sexta, cesta

1 Escreva **V** para as afirmações verdadeiras e **F** para as falsas.

☐ A crase é indicada pelo uso do acento grave (`).

☐ A crase pode ocorrer antes de palavras femininas e masculinas.

☐ Não há casos de crase antes de nome de lugares.

☐ Crase é a fusão da preposição **a** com o artigo **a**.

2 Complete as frases com **a** ou **à**.

a) Ele chegou atrasado _____ reunião.

b) Nós vamos _____ Salvador visitar minha avó materna.

c) Isadora foi _____ praia graças _____ um feriado prolongado.

d) Vou _____ Dinamarca nas próximas férias.

e) _____s vezes ele toma algumas atitudes estúpidas.

f) Roberto foi _____ farmácia ontem _____ noite.

g) Dei uma caneta de presente _____ Diego.

3 Complete as frases com **sexta** ou **cesta**.

a) Nossa! Foi por pouco que ele não fez uma _____.

b) Eu treino basquete toda _____-feira.

c) Que linda _____ artesanal!

d) Ela foi a _____ atleta a se apresentar.

e) Coloque essa camisa imunda na _____ de roupa suja.

f) É a vigésima _____ vez que comemoramos nosso aniversário de casamento neste sítio.

Abreviatura, sigla e símbolo

1 Classifique as informações destacadas abaixo.

[1] abreviatura   [2] sigla   [3] símbolo

[ ] Dirigia a uma velocidade de 120 **km/h**.

[ ] Qual é o número do seu **RG**?

[ ] Precisamos pagar a última parcela do **IPVA**.

[ ] O banco fica na **av.** Brigadeiro Faria Lima.

[ ] Mantenha a distância de 1 500 **m**.

[ ] Meu nome é Maria **C.** de Oliveira.

2 Reescreva as frases abreviando adequadamente as palavras em destaque.

a) Morava na **rua** Riachuelo, **número** 55.

_____

b) Ela se esqueceu de escrever o **Código de Endereçamento Postal** na carta.

_____

c) Recebo o presente em nome de **Vossa Majestade** rainha Isabel.

_____

3 Pesquise e descubra o significado das siglas abaixo.

a) CPF: _____

_____

b) SUS: _____

_____

c) DDD: _____

Verbo

1 Marque com um **X** o tempo em que acontece a ação do verbo destacado.

a) **Choveu** muito nos últimos dias.
- [ ] passado
- [ ] presente
- [ ] futuro

b) Ana Maria **está** feliz com sua classificação no campeonato.
- [ ] passado
- [ ] presente
- [ ] futuro

c) Nós **vendemos** a antiga casa ontem.
- [ ] passado
- [ ] presente
- [ ] futuro

d) Você **virá** passar o fim de semana com a gente?
- [ ] passado
- [ ] presente
- [ ] futuro

- Com quais palavras da frase os verbos destacados nos itens **b**, **c** e **d** concordam?

_____

_____

_____

2 Escreva nas colunas abaixo os infinitivos dos verbos destacados na questão anterior.

1ª conjugação (terminação -ar)	2ª conjugação (terminação -er)	3ª conjugação (terminação -ir)
_____	_____	_____

3 Relacione as colunas.

1. O verbo **estar**
2. O verbo **chover**
3. O verbo **vir**

- [ ] indica um estado.
- [ ] indica uma ação.
- [ ] indica um fenômeno da natureza.

UNIDADE 2 CAPÍTULO 6

Páginas 126-127 do livro

Mas, mais

1 Assinale com um **X** a resposta adequada para completar as frases.

a) Eu vou querer ★ um pedaço de *pizza*.

◯ mais ◯ mas

b) Queria tomar sorvete, ★ eu estou com a garganta inflamada.

◯ mais ◯ mas

c) Nós íamos viajar no fim de semana, ★ meus pais vão trabalhar.

◯ mais ◯ mas

d) Você comprou ★ um vestido?

◯ mais ◯ mas

e) Fomos visitar a vovó, ★ ela não estava em casa.

◯ mais ◯ mas

2 Escreva nas linhas abaixo duas frases com a palavra **mas** e outras duas com a palavra **mais**.

_____
_____
_____
_____
_____
_____
_____

Conjunção

1 Reescreva as frases trocando os símbolos por uma conjunção adequada.

a) Ele não vai ao cinema ♪ precisa estudar para a prova.

_____

b) A sobremesa só será servida ♪ todos terminarem de almoçar.

_____

c) Nós levamos o filhote ao veterinário, ♪ ele não foi vacinado.

_____

d) Ela gostou tanto da piada ♪ até teve uma crise de riso.

_____

2 Forme uma frase para cada conjunção do quadro.

> enquanto   pois   embora

a) _____

b) _____

c) _____

UNIDADE 3 CAPÍTULO 7

Páginas 148-149 do livro

Verbo: modo indicativo

1 Observe os verbos em destaque nas frases e marque:

- **1** para verbos no presente.
- **2** para verbos no passado.
- **3** para verbos no futuro.

☐ A população da Terra **cresce** e o consumo **sobrecarrega** o sistema ecológico do planeta.

☐ Ainda **chegará** o momento em que as necessidades básicas de todos **serão** atendidas.

☐ Muitos sistemas ecológicos já **foram** arruinados pela exploração desenfreada.

2 Escreva uma frase com o verbo principal no **passado**, **presente** ou **futuro** para cada uma das imagens abaixo. É importante que todos os verbos estejam no modo indicativo.

_____
_____

_____
_____
_____
_____

Uso de **mesmo** e **próprio** / Traz, trás, detrás e atrás

1 Complete as frases com **mesmo** e **próprio**, concordando sempre com as palavras a que se referem.

a) O menino sabia cortar o _____ cabelo.

b) — Luísa, você fez _____ aquela maquete?

— Sim. Construí a maquete usando minhas _____ mãos.

c) — Gostei muito do almoço na sua casa, Miguel. O peixe assado estava ótimo!

— Obrigado, fui eu _____ que fiz!

d) Os clientes continuam a apresentar as _____ queixas.

2 Em uma das frases da atividade anterior a palavra **mesmo** pode ser substituída por **realmente**. Faça a substituição e escreva-a a seguir.

_____

3 Crie uma frase para cada imagem usando as palavras **traz**, **trás**, **detrás** ou **atrás**.

Numerais / Meio, meia

1 Copie os numerais das frases abaixo na coluna adequada do quadro.

a) Ela demorou o dobro do tempo que previa para terminar sua tarefa.

b) Nosso país possui mais de cento e noventa milhões de habitantes.

c) Ele tirou o segundo lugar na décima terceira Olimpíada de Matemática.

d) Joana comeu metade da *pizza* sozinha e ainda tomou meio litro de refrigerante.

e) Marina juntou cem reais no ano passado e pretende acumular o triplo neste ano.

Numerais cardinais	Numerais ordinais	Numerais multiplicativos	Numerais fracionários

2 Leia as frases abaixo e assinale com um **X** a alternativa correta.

a) Vinícius ficou **meio** chateado com a notícia.
- ☐ A palavra em destaque pode ser substituída por **um pouco**.
- ☐ A palavra em destaque é um numeral.

b) Gabriel perdeu **meio** quilo desde que começou a nadar.
- ☐ A palavra em destaque é um substantivo.
- ☐ A palavra em destaque é um numeral.

c) Ela perdeu um pé de suas **meias**.
- ☐ A palavra em destaque pode ser flexionada em número.
- ☐ A palavra em destaque não é um substantivo.

UNIDADE 3 CAPÍTULO 8

Páginas 178-179 do livro

Verbo: modo subjuntivo

1 Assinale com um **X** apenas as frases em que o verbo em destaque está conjugado no modo subjuntivo.

☐ Vou retomar a matéria quando eu **estudar** para a prova.

☐ Você viu como ela **está** bonita?

☐ Eles **brincaram** a manhã toda.

☐ Se você **viesse** direto para casa, não tomaria chuva.

2 Marque com um **X** o tempo em que acontece a ação do verbo destacado.

a) Ele quer que eu **escreva** uma carta.

☐ passado ☐ presente ☐ futuro

b) Se eu **escrevesse** uma carta, ele viria.

☐ passado ☐ presente ☐ futuro

c) Ele virá quando eu **escrever** a carta.

☐ passado ☐ presente ☐ futuro

3 Complete a definição usando as palavras do quadro abaixo:

futuro	dúvida	presente	hipótese
	possibilidade	desejo	passado

- Usamos os verbos no modo subjuntivo quando queremos expressar:

_____, _____,

_____ ou _____.

Os tempos verbais do modo subjuntivo são:

_____, _____ e

_____.

UNIDADE 3 · CAPÍTULO 8

Páginas 180-181 do livro

Palavras terminadas em -isse, -ice

1 Complete as palavras com **-isse** ou **-ice**.

a) sub_____
b) assist_____
c) crianc_____
d) macaqu_____
e) dirig_____
f) maluqu_____
g) meigu_____
h) tol_____
i) consum_____
j) ouv_____
k) chat_____
l) fug_____

2 Complete as colunas do quadro com as palavras da atividade anterior.

Substantivos	Verbos no passado

- As palavras que você classificou como verbos estão todas conjugadas no modo:

☐ indicativo. ☐ subjuntivo.

3 Escolha uma palavra com terminação **-ice** e uma palavra com terminação **-isse** e forme uma frase para cada uma delas.

_____
_____
_____
_____

UNIDADE 3 CAPÍTULO 9

Páginas 192-193 do livro

Verbo: modo imperativo

1 Assinale apenas as frases em que o verbo em destaque está conjugado no modo imperativo.

a) ☐ **Seja** mais paciente, menino!

b) ☐ Vocês **abriram** a porta do quarto?

c) ☐ Talvez **seja** isso mesmo o que você quer.

d) ☐ Não **fale** comigo.

- Os verbos das frases que você não assinalou estão conjugados em que tempo, pessoa, número e modo?

_____

_____

_____

2 Crie uma frase para cada imagem usando verbos no modo imperativo.

UNIDADE 3 CAPÍTULO 9

Páginas 194-195 do livro

Formas nominais do verbo

1 Escreva **V** para as afirmações verdadeiras e **F** para as falsas.

☐ As formas nominais do verbo são: **infinitivo**, **gerúndio** e **particípio**.

☐ **Gerúndio** é a forma nominal que indica uma ação que se prolonga.

☐ É chamada **particípio** a forma nominal que indica o resultado de uma ação.

☐ Um verbo em suas formas nominais (indicativo, gerúndio, particípio) se parece mais com **substantivos** e **adjetivos** do que com verbos.

2 Marque com um **X** a forma nominal em que se encontra o verbo destacado.

a) Eles passaram a tarde toda **assistindo** a filmes.

☐ infinitivo   ☐ gerúndio   ☐ particípio

b) Ela já havia **feito** toda a lição.

☐ infinitivo   ☐ gerúndio   ☐ particípio

c) Nunca viu o menino **brincar** daquela maneira.

☐ infinitivo   ☐ gerúndio   ☐ particípio

d) Lúcia queria muito **comprar** presilhas novas para o cabelo.

☐ infinitivo   ☐ gerúndio   ☐ particípio

e) Ele está **usando** aquela camisa de que não gosta tanto.

☐ infinitivo   ☐ gerúndio   ☐ particípio

3 Escreva uma frase com o verbo na forma nominal **particípio**.

_____

_____

_____

_____

Locução verbal

1 Reescreva as frases substituindo a locução verbal por um único verbo.

a) Catarina **ia andando** pela rua quando Juliana a parou.

_____

_____

b) Será que sua mãe **vai deixar** você ir com a gente?

_____

_____

c) Eles já **tinham comprado** os refrigerantes.

_____

_____

- Classifique, nas colunas abaixo, as locuções verbais das frases acima.

Verbo auxiliar + infinitivo	Verbo auxiliar + gerúndio	Verbo auxiliar + particípio
_____	_____	_____

2 Complete as locuções verbais com o gerúndio ou o particípio dos verbos do quadro.

> brincar   limpar   cantar   correr

a) Eles estavam _____ quando nós os chamamos.

b) Eles já tinham _____ a tarde toda quando foram para as suas casas.

c) Gabriel tem _____ melhor o seu quarto.

d) Marisa está _____ sua música favorita.

e) Ela veio _____ para contar as novidades ao pai.

Prefixos des- e i-, im-, in-, ir-

1 Ligue as peças do quebra-cabeça e forme palavras.

i	cuidado
des	formal
ir	regular
in	possível
im	legal

- Agora escreva as palavras que você formou.

_____

_____

2 Complete as frases com palavras formadas na atividade anterior.

a) Eliza foi à festa usando um traje _____.

b) É _____ que você não tenha notado como ele mudou.

c) Seu cabelo está com um corte _____.

d) Vi alguns homens realizando uma atividade _____.

3 Complete as palavras com os prefixos **des-**, **i-**, **im-**, **in-** ou **ir-**.

a) ____moral

b) ____responsável

c) ____quieto

d) ____contente

e) ____tocável

f) ____negável

g) ____real

h) ____variável

i) ____orientar

j) ____redutível

k) ____paciente

l) ____prudente

m) ____mobilizado

n) ____pagável

o) ____avisado

Advérbio e locução adverbial

1 Complete as frases com os advérbios do quadro abaixo.

| ontem | nunca | muito | embaixo | depressa |

a) A professora estava _____ feliz com as notas dos alunos.

b) _____ seu pai a levou para jogar bola no campinho.

c) Seus sapatos estão _____ da cama.

d) Eles correram _____ quando viram o cão da vizinha.

e) Marcos _____ foi ao circo.

- Classifique nas colunas abaixo os advérbios das frases anteriores.

Advérbio de intensidade	Advérbio de negação	Advérbio de tempo	Advérbio de modo	Advérbio de lugar
_____	_____	_____	_____	_____

2 Circule as locuções adverbiais das frases a seguir.

a) Eles observavam de longe o que ela estava fazendo.

b) De tempos em tempos precisamos cortar o cabelo.

c) Recebeu com gentileza os clientes.

d) Sua mãe disse que de modo algum você poderá sair.

3 Reescreva as frases substituindo a locução adverbial em destaque por um advérbio.

a) Ele andava **com rapidez** porque estava atrasado.

_____

b) João procurou o colega e se desculpou **com humildade**.

_____

Mal, mau / Verbo **haver**

1 Complete as frases com **mau** ou **mal**.

a) Hoje ela acordou muito _____-humorada.

b) Hoje ela acordou de _____ humor.

c) Eles _____ deitaram e já caíram no sono.

d) É sempre triste quando as coisas vão _____.

e) Apesar do _____ tempo, o time não jogou _____.

2 Reescreva as frases substituindo o verbo **existir** por **haver**.

a) Felipe teme que existam monstros debaixo da sua cama.

_____

_____

b) Existiram várias oportunidades para nos encontrarmos.

_____

_____

c) Não existem explicações para o fato.

_____

_____

d) Ele duvida de que existirão boas notícias.

_____

_____

e) Existiu um tempo em que as mulheres brasileiras não podiam votar.

_____

_____

Pronome relativo

1 Complete as frases com os pronomes relativos do quadro abaixo.

> que   quem   onde

a) Margarida é a moça de _____ eu lhe falei.

b) O bairro _____ Felipe morava era muito seguro.

c) O filme a _____ acabamos de assistir é interessante.

2 Siga o exemplo e forme uma única frase usando pronomes relativos.

Luísa viajou com seus pais. Ela ama seus pais.

Luísa viajou com seus pais, **a quem** ela ama.

a) Ela gostava dos filmes. Os filmes eram odiados por sua mãe.

_____

_____

_____

b) Juliana fez um café. O café está muito gostoso.

_____

_____

c) O dia ficou mais bonito. Você chegou.

_____

_____

d) Murilo adora o cachorro. O cachorro pertence a sua avó.

_____

Onde, aonde / Hífen nas palavras compostas

1 Escreva uma pergunta para as respostas usando **onde** ou **aonde**.

a) — _____?
— Nós vamos à praia.

b) — _____?
— Estão embaixo da sua cama.

c) — _____?
— Eles moram em Manaus.

d) — _____?
— Eles foram a um restaurante.

e) — _____?
— Eu vou à casa da Marina para estudar.

2 Quando necessário, complete com hífen as palavras compostas.

a) alto mar

b) pica pau

c) fim de semana

d) cor de rosa

e) arco íris

f) beija flor

g) azul celeste

h) pé de moleque

i) erva doce

j) capim santo

k) amor perfeito

l) pega pega

m) couve flor

n) uva passa

o) café com leite

p) criado mudo

q) dia a dia

r) pingue pongue

s) esconde esconde

t) bem te vi

u) cana de açúcar

v) ameixa preta

Frase e oração

1 Escreva **V** para as afirmações verdadeiras e **F** para as falsas.

☐ Não existem frases sem verbo.

☐ É chamada de oração a frase, ou parte de uma frase, que se organiza em torno de um verbo ou de uma locução verbal.

☐ Não existem orações sem verbo.

☐ Uma palavra, ou conjunto de palavras, que tenha sentido completo não pode ser chamada de frase.

☐ Uma frase pode ter sentidos diferentes, dependendo do contexto e da entonação que se dão a ela.

2 Circule o verbo ou as locuções verbais das orações abaixo.

a) Meu pai é bibliotecário.

b) Nós não gostamos de geleia.

c) Marcos ficou estudando a tarde toda.

d) Hans nasceu na Alemanha.

e) Eu tenho cuidado de três animais de estimação.

3 Escreva o que se pede.

a) Uma frase sem verbo.

_____

_____

b) Uma frase declarativa afirmativa.

_____

_____

c) Uma frase com duas orações.

_____

_____

UNIDADE 4 CAPÍTULO 12

Páginas 262-263 do livro

Hífen nas palavras com prefixos

1 Ligue as peças do quebra-cabeça e forme palavras.

- anti-
- micro-
- contra-
- vice-
- recém-

- ônibus
- campeão
- argumento
- nascido
- herói

- Agora, escreva as palavras que você formou.

_____

_____

2 Escreva o nome do que está representado nas imagens abaixo usando prefixos.

_____

_____

_____

_____

31

Sujeito e predicado

1 Circule o sujeito das frases.

a) A garota estava muito animada.

b) Eles queriam jogar futebol no campinho.

c) A bruxinha malvada não gosta de crianças.

d) Quem foi ao supermercado para a mamãe?

e) Você sabe fazer pão de queijo?

2 Escreva um sujeito para os predicados abaixo.

a) _____ era uma boa filha.

b) _____ compraram uma bicicleta nova.

c) _____ sabe que horas são?

d) _____ somos muito amigos.

e) _____ gostei de ter ido ao cinema.

3 Escreva uma frase para cada uma das imagens a seguir. Depois, circule o sujeito da frase e sublinhe o predicado.